AF314769

TRAITÉ RAISONNÉ

DES

PRINCIPES DU DESSIN

MÉTHODE ÉLÉMENTAIRE

TENDANT A DÉVELOPPER LES PROGRÈS DANS L'ÉTUDE DU DESSIN D'IMITATION

FIGURE — ORNEMENT — ETC.

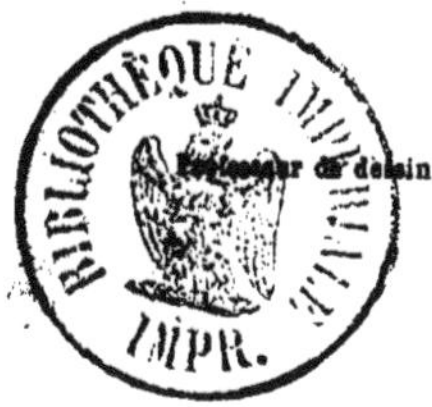

PAR DEBRIGES

Professeur de dessin au Lycée Bonaparte, ancien professeur au Collège de Juilly
et au Lycée Napoléon.

PRIX : 1 fr. 80 c.

PARIS

CHEZ Mme Ve NYON, LIBRAIRE

13, QUAI CONTI, 13

—

1867

Paris. — Imprimerie de L. GUÉRIN,
25, rue du Petit-Carreau.

INTRODUCTION

———

Le dessin est l'art de représenter les formes.

Vouloir reproduire soit une copie, soit la nature, c'est chercher à rendre l'aspect de la forme en coordonnant entre elles les diverses parties d'un tout, selon leurs proportions, leur position, leur mouvement, leur modelé, leur effet et selon le caractère, la tournure et l'harmonie générale de leur ensemble.

Pour obtenir ce résultat il faut, par la théorie et par la pratique, exercer l'intelligence en même temps que la précision du coup d'œil.

Il faut de la part de l'élève une attention soutenue aussi bien pour comprendre que pour exécuter.

Comprendre et appliquer les principes d'une bonne méthode, telle est la source de progrès rapides.

Les principes que nous allons exposer ont pour but de

mettre dans l'esprit de l'élève une manière de procéder *applicable à tous les instants, commune à tous les cas.*

Ces principes sont en petit nombre et par conséquent faciles à retenir.

Si l'élève a la volonté de les observer continuellement, il progressera d'une manière remarquable; mais si dans l'exécution il oublie ces règles, il y aura dans son dessin des erreurs qu'il pourra constater par la comparaison de sa copie avec le modèle, mais qu'il serait embarrassé de corriger, s'il n'avait aucun guide dans l'esprit.

Ce guide, ce sera précisément l'emploi de ces mêmes principes qu'il avait négligés et dont l'application aux parties défectueuses de son dessin amènera une rectification d'autant plus juste qu'il les interprétera d'une manière plus complète.

Le présent travail a donc pour but de désigner à l'élève la marche générale qu'il faut suivre dans ses études, et de lui donner le moyen de rectifier *lui-même* ses erreurs, dans la plupart des cas, bien mieux qu'il n'eût pu le faire, s'il avait été livré à ses seules inspirations.

La lecture de ce traité, pour produire un résultat utile, doit être faite avec une certaine lenteur, car il faut pouvoir en saisir les raisonnements, et trop de précipitation serait nuisible à la compréhension.

Ce n'est qu'en méditant chaque paragraphe l'un après l'autre que l'élève peut s'identifier avec cette méthode et la rendre fructueuse.

Il y a sans doute des répétitions dans notre travail ; on sentira que pour donner plus de clarté aux passages qui pourraient paraître obscurs, il est souvent nécessaire, en faisant une nouvelle étude, de rappeler à l'élève ce qu'il a peut-être oublié dans les précédentes.

Si nous nous sommes un peu étendus sur certains détails, nous ferons observer en terminant que, quand bien même une partie de ce qui est contenu dans ce traité, échapperait de la mémoire, il restera toujours chez l'élève des notions fondamentales qui lui seront indispensables dans la pratique ultérieure du dessin.

PARTIE THÉORIQUE

PRINCIPES

De la Comparaison.

Dès le début de ce travail, nous appelons l'attention de l'élève sur un fait capital : la COMPARAISON, comme étant la règle suprême qui doit servir de guide dans l'exécution d'un dessin.

En outre, comme la comparaison oblige à se préoccuper à la fois et de l'ensemble et des détails de ce qu'on étudie, l'esprit contracte insensiblement des habitudes de synthèse et d'analyse qui lui sont extrêmement profitables, même dans le cours de ses autres études.

La comparaison est la base essentielle du dessin. C'est le moyen par excellence d'arriver à bien rendre ce que l'on copie, car il est évident que si on néglige de comparer ce que l'on fait avec ce qu'on veut reproduire, il n'est pas possible de reconnaître les erreurs dans lesquelles on a pu tomber. C'est parce que l'élève ne se sert pas assez souvent de la comparaison, qu'il retarde ses progrès. En outre, il ne doit pas comparer d'une manière incomplète, ce qui n'arrive que trop fréquemment, mais, au contraire, d'après une certaine marche intelligente. — On ne saurait comparer avec goût ni avec fruit quand on n'a pas dans l'esprit des principes basés sur un raisonnement juste, c'est-à-dire une bonne méthode. — Les différentes règles énoncées en ce travail ont donc pour objet d'établir une comparaison fondée sur des considérations puisées dans ce qui constitue le dessin lui-même, et, par là, de concourir à l'amélioration et au perfectionnement relatifs d'une copie.

La comparaison ainsi comprise devient fructueuse lorsque par l'exercice de l'œil et de la pensée on l'établit entre les différentes parties du modèle, afin que les remarques qu'on y a faites soient également exprimées sur la copie.

La comparaison doit donc s'appliquer à chaque instant.

Elle doit faire reconnaître l'exactitude des proportions. de la position, du mouvement, de la tournure, du sentiment, de l'harmonie, du caractère qui sont dans la forme, l'effet et le modelé de l'ensemble et des détails.

C'est donc en envisageant les différents aspects d'un dessin sous toutes leurs faces, soit pour le trait, soit pour l'ombre que, par suite d'une comparaison incessante et raisonnée entre sa copie et le modèle, on peut arriver à une reproduction fidèle de ce qu'on veut imiter.

TRAIT

Tout dessin, tout objet que l'on cherche à imiter, soit d'après une estampe, soit d'après la bosse, soit d'après la nature, présente généralement à l'œil un *ensemble de surfaces*, et chaque surface un ensemble de *lignes*.

Par conséquent, il faut considérer sous le rapport de l'*ensemble*, sous le rapport des *surfaces*, sous le rapport des *lignes*, tout ce que l'on veut reproduire.

Ainsi, un cube représente un *ensemble de surfaces*, elles-mêmes circonscrites par des *lignes*.

Une tête est l'*ensemble* qui réunit plusieurs parties telles que le front, l'œil, le nez, etc., et chacune de ces parties doit être considérée comme une *surface*, dont la forme est déterminée par les *lignes* qui en sont le contour.

La tête, le torse, les jambes, etc., sont les parties ou *surfaces* d'une académie ; — ces surfaces sont formées par des *lignes* — et la réunion de ces surfaces est ce qui constitue l'*ensemble*.

De même, les détails particuliers qui dans leur *ensemble* composent un ornement, représentent des *surfaces*, et ces surfaces se manifestent par des *lignes* qui en sont l'enveloppe.

Un arbre est un *ensemble* relativement au tronc, aux branches, à la masse des feuilles, en un mot, aux divisions principales qui en sont les parties ou *surfaces*, et chacune de ces surfaces est limitée par des *lignes*. — Il en est de même pour tout autre objet.

Il y a donc généralement dans tout dessin : 1° les *lignes* qui circonscrivent toute surface (comme tout ensemble) ; — 2° les *surfaces* ; — 3° l'*ensemble*.

Lignes, — surfaces, — ensemble ; tels sont les aspects principaux du dessin sur lesquels nous devons incessamment appliquer les principes suivants :

1° La position, — la distance ;
2° La longueur ⎞
3° La largeur ⎠ ou proportions ;
4° La direction ;
5° Le mouvement ;
6° L'aspect particulier et l'aspect général.

Car tout ensemble, toute surface, toute ligne a invariablement ces principes pour base, en totalité ou en partie.

En effet, un ENSEMBLE n'a-t-il pas toujours la *longueur*, — la *largeur*, c'est-à-dire les *proportions*, — puis un *mouvement* ou tournure de la réunion des différentes parties qui la constituent, — enfin un aspect général ?

Une SURFACE n'a-t-elle pas toujours une *position*, — une *distance* (relativement aux surfaces qui l'environnent), — une *longueur*, — une *largeur* (ou *proportions*) qui doivent être d'accord avec celles des autres surfaces ; — une *direction*, — un *mouvement*. — Enfin un *aspect* qui lui est particulier et qui doit s'harmoniser avec l'*aspect général* de l'ensemble?

Une LIGNE n'a-t-elle pas toujours par rapport aux autres lignes une *position* ou *distance*, — une *longueur* (ou proportion), — une *direction*, — un *mouvement*, — ainsi que son aspect qui lui est propre, et ne doit-elle pas concourir avec différentes lignes à la formation de la surface dont elle fait partie, ce qui implique l'*aspect général*.

Ainsi lorsqu'on dessine, on doit procéder comme il suit :

Lignes.

En établissant chaque ligne, il faut s'appliquer à en reconnaître :
- la *position* — *la distance*
- la *longueur* ou *proportions*
- la *direction*
- le *mouvement*

en rapport avec les autres lignes.

l'*aspect particulier*, — puis l'*aspect général* (ou réunion des lignes qui constituent la surface à laquelle appartient la ligne qu'on exécute.)

Surfaces.

En établissant chaque surface, il faut s'appliquer à en reconnaître :
- la *position* — la *distance*
- la *longueur*
- la *largeur*
- la *direction*
- le *mouvement*

ou *proportions* en rapport avec les autres surfaces.

l'*aspect particulier* — puis l'*aspect général* (ou réunion des surfaces qui constitue l'ensemble auquel appartient la surface qu'on exécute).

Ensemble.

En établissant
l'ensemble, il faut
s'appliquer à en
reconnaître :
{ la *longueur*
la *largeur*
le *mouvement*.
l'*aspect général.* } ou *proportions générales.*

On le voit, d'une part nous divisons le dessin en *lignes, surfaces, ensemble,* et cet ordre nous semble fondé, **car** il facilite l'application constante de la méthode. D'autre part, nous reconnaissons certains principes comme étant les éléments même du dessin et devant servir continuellement de guide dans la copie de l'*ensemble,* des *surfaces* et des *lignes,* c'est-à-dire des formes qu'on veut représenter.

Or, il nous semble qu'on ne peut s'empêcher de reconnaître, dès à présent, l'évidence de ce fait : c'est que si les principes précédents sont appliqués et par suite si une LIGNE a la *position* juste, la *longueur* juste, la *direction* juste, le *mouvement* juste, les *proportions* justes, etc., c'est beaucoup; et s'il en est de même pour les SURFACES ainsi que pour l'EMSEMBLE, n'est-il pas permis de dire que la méthode qui mène dans cette voie doit être efficace *puisqu'elle a pour but de* RAPPELER A L'ESPRIT, considération très-importante, des principes qui sont la base du dessin ?

Nous avons donc cru rendre service aux élèves en analysant ce qui est l'essence de l'art élémentaire et en faisant remarquer, nous le répétons, que certaines règles sont *communes et applicables à tous les cas.* — Cette

théorie est moins en usage qu'on ne pourrait le supposer, et
à part l'enseignement d'un certain nombre d'excellents
professeurs, beaucoup de personnes apprennent le dessin
sans se rendre bien compte de la manière dont elles
opèrent ; elles dessinent d'une façon instinctive, pour
ainsi dire, et rarement raisonnée.

Dans l'enseignement du dessin on se contente, ordinairement, de faire remarquer à l'élève ses fautes sans lui
inculquer une marche raisonnée au moyen de laquelle il
pourrait les corriger.

Pendant l'enseignement, ne serait-il pas plus utile de
lui rappeler certaines règles dont il devrait se servir, en
les lui faisant appliquer à la rectification de son travail,
de manière que par leur application et sous les yeux du
professeur, il cherchât à reconnaître ses erreurs et comprît
le moyen qu'il faut employer pour les rectifier ? — Par
exemple, si dans une académie qu'on ébauche, une jambe
est *trop à droite*, si un bras est *trop long*, cela constitue deux
fautes qu'il faut savoir corriger. — Or, très-souvent l'élève
remarque qu'il y a quelque chose de défectueux dans sa
copie, mais ne sait pas apercevoir d'où vient l'erreur. —
Eh bien ! pour la saisir plus facilement, il n'a qu'à appliquer les principes exposés en ce traité à la partie défectueuse de son dessin. — Dès lors il doit rechercher : 1° si
la *position*, 2° si les *proportions*, etc., etc., de cette même
partie sont justes, et s'occupant de la jambe et y appliquant
entre autres principes celui de la *position*, ce qui consiste
à voir si la jambe, par rapport à d'autres surfaces, est

trop à gauche ou trop à droite, trop haut ou trop bas, il remarquera dès lors, sans qu'on le lui dise (dans le plus grand nombre des cas), que cette jambe est trop à droite, par cela seul *qu'il aura pensé* à en reconnaître la *position.* — De même pour le bras : devant lui appliquer entre autres principes celui de la *longueur*, il sera amené naturellement à reconnître qu'il est trop long, précisément parce *qu'il aura pensé* à en remarquer la *longueur* comparée à celle des autres parties (1), — et de même pour tous les cas. — L'essentiel est donc d'avoir dans la mémoire des règles qui puissent guider, et l'oubli de ces règles est l'une des causes les plus importantes qui retardent les progrès.

Il faut que l'élève soit bien convaincu qu'un dessin n'est souvent défectueux que parce qu'il y a des erreurs, soit dans la *position*, soit dans les *proportions*, soit dans la *direction*, soit dans le *mouvement* du *trait* ou des *ombres*, et que s'il ne reconnaît pas ces défauts, c'est parce qu'il n'observe pas si les différentes parties ainsi que l'ensemble de la copie sont justes à ces différents points de vue,

---

(1) Le grand nombre de jeunes gens auxquels j'ai enseigné, m'a mis à même de reconnaître ce fait. Ce n'est généralement pas la justesse du coup d'œil qui manque à l'élève lorsque l'erreur peut être envisagée par l'application d'une règle. Quinze fois au moins sur vingt j'indique ou je rappelle seulement les principes qui ont été oubliés, et l'élève reconnaît alors de lui-même par leur application la faute qui est dans la copie, et seul la rectifie, sinon d'une manière irréprochable, du moins en améliorant considérablement son dessin, ce qui prouve l'utilité des principes et la nécessité de les enseigner.

c'est-à-dire justes comme *position*, comme *proportions*, etc.

Donc il est nécessaire de connaître et de se servir à chaque instant de principes qu'après tout il est facile de se rappeler et qui deviennent fructueux par l'exercice du travail en offrant généralement le moyen, soit d'éviter des erreurs, soit de les découvrir et de les rectifier.

Maintenant, pour établir et pour développer les éléments de cette méthode dans l'esprit de l'élève, nous allons parcourir les différents cas où il faut appliquer les règles exposées plus haut et démontrer comment il faut procéder.

Nous étudierons ce qui a rapport : 1° aux lignes, 2° aux surfaces, 3° à l'ensemble, en faisant observer que si nous commençons par les lignes il faut néanmoins, lorsqu'on veut faire un dessin, ne s'occuper tout d'abord que de l'ensemble, comme il est dit plus loin, et appliquer à cet ensemble ce qui va suivre, pour les lignes et pour les surfaces.

LIGNES

Position. — Distance.

Pour dessiner un *ensemble*, tel qu'une académie ou une TÊTE (1), et de même pour dessiner une *surface*, telle qu'un FRONT ou un OEIL, etc., il faut nécessairement commencer par établir les lignes qui en sont la charpente.

Ainsi il faut, en plaçant les premières lignes, reconnaître la *position* de chacune d'elles et remarquer par conséquent la position particulière de celle qu'on trace par rapport à la position des autres, et par là déterminer la *distance* qui existe entre elles.

C'est-à-dire, en règle générale et toutes les fois qu'on trace une nouvelle ligne, il faut observer sur le modèle la position de cette ligne relativement à la position des autres, afin que sur la copie cette même ligne ne soit ni trop au-dessus, ni trop au-dessous, ni trop à gauche, ni trop à droite des lignes qu'on a déjà faites.— Par ce moyen, les lignes ont toutes sur la copie une *position* et une *distance* en rapport avec la *position* et la *distance* qui existent entre les lignes du modèle.

(1) Ou un ornement ou un paysage.

Longueur ou Proportions.

Il faut remarquer ensuite sur le modèle la *longueur* de cette ligne et en même temps comparer cette longueur à celle d'autres lignes pour voir si elle est plus grande ou plus petite; — puis reporter sur sa copie la longueur remarquée sur le modèle en la comparant de même avec la longueur des lignes qu'on a déjà établies, afin que la *différence de longuèur* qu'on a observée entre les diverses lignes du modèle soit reproduite également sur sa copie, et qu'il y ait entre elles toutes des *proportions* exactes.

Direction [1]. — Mouvement.

En outre, il faut reconnaître la *direction* de cette ligne sur le modèle pour la représenter avec justesse et faire attention à la différence ou à la ressemblance qui existe entre la direction de cette même ligne et la direction des autres lignes, afin que sur la copie il y ait, entre les diverses directions des lignes, le même accord que celui qu'on a constaté sur le modèle.

Le mouvement de la ligne doit être également saisi et l'on doit reconnaître sur le modèle l'harmonie de ce mouvement avec le mouvement des lignes qui l'environnent, afin d'établir la même harmonie sur le dessin.

[1] Plus loin, nous indiquerons un moyen pour obtenir la direction d'une ligne et sa position.

Aspect particulier. — Aspect général.

Enfin, ajoutons qu'il faut examiner l'*aspect particulier* de la ligne qu'on vient de faire, et le comparer encore au modèle, en remarquant à la fois si sa position, — sa distance, — sa longueur, — sa direction, — son mouvement sont justes, et en outre si cette ligne présente avec les autres lignes qui complétent la surface ou l'ensemble dont elle fait partie, le même *aspect général* qu'on remarque sur le modèle.

En résumé : si la *position*, si la *longueur*, si la *direction*, si le *mouvement* de la ligne sont justes, — la ligne sera juste.

SURFACES

Nous l'avons déjà dit, une surface est une forme circonscrite par des lignes et faisant partie de l'ensemble qu'on doit représenter. — Ainsi un œil, ou un nez, ou une bouche, etc., est une surface relativement à la tête qui est l'ensemble dont elle fait partie; — mais à son tour la tête peut être considérée comme une surface, relativement à l'académie qui est l'ensemble auquel elle appartient, — et de même pour toute autre surface.

Que l'on veuille indiquer une grande surface ou une réunion de diverses surfaces, telles qu'une tête ou un torse, ou une rosace, ou un arbre; ou bien que l'on veuille indiquer seulement une petite surface, un petit détail, — un doigt, une phalange, un détail d'ornement ou de paysage, comme une pierre, une branche, etc., c'est toujours la même marche qu'on doit suivre; — donc, ce que nous allons exposer pour une surface s'applique aussi bien aux unes qu'aux autres.

Position. — Distance.

Ayant une surface à établir, je dois premièrement remarquer sa *position*, sa *distance* relativement à d'autres surfaces et relativement à l'ensemble général. — En d'autres termes, voir quelle place elle occupe sur le modèle ; si elle est plus à droite ou plus à gauche, plus haut ou plus bas que tel et tel point, que telle et telle surface. .

Longueur.

Je dois aussi remarquer sur le modèle, la *longueur* de cette surface. — la déterminer sur mon dessin en comparant sur le modèle cette même longueur soit à la longueur, soit à la distance, soit aussi à la largeur d'autres surfaces, pour en reconnaître la différence s'il y en a ; — par conséquent, établir cette différence sur la copie.

Largeur.

En même temps qu'on indique la longueur d'une surface, il faut établir sa *largeur* en ayant toujours soin de les comparer l'une à l'autre pour en reconnaître la différence, d'abord sur le modèle, puis sur son dessin.

Enfin, il faut en outre observer dans leur ensemble les proportions de la surface qu'on exécute, comparativement aux proportions des autres surfaces. — Il est donc indispensable d'établir cette comparaison *entre* les surfaces du modèle et *entre* les surfaces de sa copie.

Direction. — Mouvement.

De même, il faut indiquer la direction et le mouvement

de cette surface en les observant avec attention sur le modèle. Mais cela ne suffit pas, il faut comparer sur le modèle la direction, le mouvement de la surface à la direction et au mouvement des autres surfaces, et ensuite faire la même comparaison sur son dessin.

Aspect particulier. — Aspect général.

Lorsqu'on a établi la *position*, — la *distance*, — la *longueur*, — la *largeur*, — la *direction*, — le *mouvement* de la surface, on termine en remarquant son *aspect particulier* et en le comparant à celui du modèle, — puis on examine la réunion des différentes surfaces déjà faites, en faisant particulièrement attention à la surface à laquelle on travaille, afin d'en mieux juger les différents rapports avec les surfaces environnantes, et afin de reconnaître par cette comparaison si tous les principes sont bien appliqués et si l'*aspect général* de l'ensemble des surfaces est semblable à celui du modèle.

Il faut donc penser à tous ces principes à la fois en regardant son dessin et en regardant le modèle, et si on ne peut le faire tout d'abord, il faut pendant la comparaison les remarquer l'un après l'autre, puis s'habituer à les appliquer tous en même temps, ce qui ne s'acquiert que par une certaine pratique.

En résumé: si la *position*, si les *proportions*, si la *direction*, si le *mouvement* de la surface, et par conséquent des lignes sont justes, la surface sera juste.

ENSEMBLE

Lorsqu'on commence un dessin, on doit considérer l'ENSEMBLE du modèle et s'attacher d'abord à en reproduire les principaux aspects, sans s'occuper des petits détails.

Que ce soit une simple surface qu'on ait à dessiner ou que ce soit une tête, — une académie, — un ornement, — un paysage, etc.; l'on ne doit chercher à rendre cette copie qu'en faisant dès le commencement du travail attention à la longueur *totale*, — à la largeur *totale*, — au mouvement général que présente l'ENSEMBLE qu'on veut reproduire.

Ce travail s'exécute donc en indiquant d'abord la *longueur totale*, et ensuite pour établir la *largeur* totale et le *mouvement général*, on ébauche l'enveloppe de l'ensemble. — Or, cette ébauche se fait en plaçant les surfaces principales ou grandes divisions qui sont contenues dans cet ensemble. — En établissant ces surfaces, on a le soin de les indiquer en y appliquant les principes exposés précédemment et qui sont relatifs aux surfaces, ce qui signifie qu'il faut les établir selon leur *position*, — leurs *proportions*, — leur *direction*, — leur *mouvement*, de manière *que toutes ces surfaces concourent par leur réunion* à représenter la *longueur totale*, — la *largeur totale*, — le *mouvement général* de l'ensemble.

On ne saurait apporter trop de soin dans ce premier travail qui est la charpente de tout le dessin et qui, s'il est juste, doit au point de vue de l'ébauche reproduire *l'aspect général* du modèle.

Après l'ébauche, on s'occupe de finir, ce qui a lieu en donnant plus de justesse, plus de précision aux lignes, aux surfaces : — dans leur position, — leurs proportions, — leur direction et leur mouvement, — puis en établissant au moyen des mêmes principes les petits détails qu'on n'avait pas encore dû faire.

On termine enfin en remarquant si la copie a bien le caractère, la tournure, l'harmonie, la ressemblance du modèle, soit dans l'ensemble total, soit dans chacune des surfaces, soit dans chacun des plus petits détails.

En résumé : si la *longueur totale*, la *largeur* totale, le *mouvement* général sont justes ; — et si la position, les proportions, la direction et le mouvement des *surfaces* et des *lignes* le sont également, — *l'ensemble* sera juste.

OMBRE

L'ombre a trois caractères inséparables : la FORME, — l'EFFET, — le MODELÉ.

Ombrer, c'est appliquer dans la représentation DES TEINTES les principes qu'on applique au trait, en les complétant par un certain nombre de règles particulières à *l'effet* et au *modelé*.

Par TEINTE, on entend généralement soit l'ombre, soit le clair, soit la *demi-teinte* (1) qui, RÉUNIS, concourent à produire l'effet et le modelé D'UNE SURFACE, D'UN ENSEMBLE, en un mot D'UNE FORME quelconque (2). Or, pour ombrer, l'on doit, lorsque le trait est achevé, ébaucher, c'est-à-

---

(1) Teinte qui tient le milieu entre le clair et l'ombre.

(2) Il est évident que si la surface est entièrement ombrée, ou entièrement éclairée, ou entièrement dans la demi-teinte, l'on n'a qu'une seule teinte à mettre, et ce que nous allons dire plus loin s'applique à la généralité des surfaces qui comportent ordinairement ces trois aspects : ombre, demi-teinte et clair. — Si la surface n'a que deux teintes, il est également évident, et nous en prévenons l'élève, que ce qui va suivre s'applique de même à ces deux teintes, lesquelles, dans ce dernier cas, constituent la surface. — La manière de raisonner est absolument semblable pour deux teintes que pour un plus grand nombre.

dire masser sans finir, ce qui se fait par l'application des principes suivants :

Sur toute SURFACE et sur tout ENSEMBLE, *il faut remarquer* :

1° la *position* — la *distance*		
2° la *longueur* ⎫ ou		qui, réunis, constituent la *forme*,
3° la *largeur* ⎬ *proportions* 1° de l'ombre		l'*effet* et le *modelé* de la surface
4° la *direction*		
5° le *mouvement* 2° de la demi-teinte		ou de l'ensemble qu'on veut représenter.
Et de plus :		
6° l'effet ou intensité 3° du clair		
7° le modelé ou relief		
8° l'aspect général		

Pour ombrer une surface ou un ensemble, on doit appliquer sur les teintes qui les composent (ombre, clair, demi-teintes) tout ou partie des principes exposés dans le tableau ci-dessus, et qui embrassent également la *forme*, l'*effet* et le *modelé* de la partie qu'on exécute.

Or, la FORME des teintes se manifeste par leur position, leurs proportions, leur direction, leur mouvement; — l'EFFET des teintes se manifeste par le plus et le moins d'intensité des teintes; — le MODELÉ des teintes se manifeste par les plans, les saillies, les creux, les méplats, les parties arrondies, la dégradation des tons.

Ce dont il faut bien se pénétrer, c'est que les clair, ombre et demi-teinte qui sont actuellement l'objet de notre étude, ne sont autre chose que les teintes *dont la réunion* produit la forme, l'effet et le modelé d'une *surface*, telle qu'un nez, ou un pied, ou un doigt, ou un torse, etc., — ou une partie quelconque d'ornement, — ou une branche, ou un arbre, ou une pierre, etc.

Qu'en outre ces teintes produisent également la forme, l'effet et le modelé dans la totalité d'un ensemble, — tel qu'une tête, — tel qu'une Académie, — tel qu'un ornement, — tel qu'un paysage.

Pendant le travail et afin d'obtenir la forme, l'effet et le modelé de la surface qu'on veut représenter, on doit comparer sur le modèle chacune des teintes aux autres pour en remarquer la différence et faire sentir la même différence entre les teintes qu'on établit sur son dessin.

En même temps, on envisage la *réunion* de ces diverses teintes (ombre, clair, demi-teinte), et on en compare l'ensemble avec celui du modèle, ce qui revient à dire qu'il faut reconnaître si sur la copie l'aspect général de la forme, de l'effet et du modelé de la surface que l'on vient d'exécuter au moyen des teintes est semblable à celui du modèle.

En outre, ayant ombré les *diverses surfaces*, l'on doit reconnaître *si elles concourent toutes* à rendre la *forme*, l'*effet* et le *modelé* de l'*ensemble général*.

Enfin, il faut remarquer sur le modèle les endroits les plus vigoureux et ceux qui sont les plus clairs de l'ensemble, afin de les établir également sur son dessin comme points les plus saillants sous le rapport de l'effet, en ayant le soin d'en bien saisir la forme.

Pour que l'élève comprenne mieux ce qui vient d'être dit, nous allons l'exposer d'une manière plus précise.

Ainsi, après avoir considéré l'aspect général de ce que l'on veut ombrer, il faut pour une surface comme pour un ensemble :

Forme.

1° Observer les teintes du modèle : l'*ombre*, — le *clair*, — la *demi-teinte*, — sous le rapport de la FORME, c'est-à-dire de leur *position*, — de leur *longueur* et de leur *largeur* ou proportions, — de leur *direction*, — de leur *mouvement*, — de leur *aspect*, et comparer alors, comme FORME, ces teintes *entre elles*, afin de reproduire, tel qu'il est indiqué sur le modèle, l'aspect qui existe dans leur ensemble.

On agit donc pour la *forme des teintes* comme on agit pour la *forme des surfaces*, car les teintes sont elles-mêmes des surfaces.

Effet.

2° En même temps, comparer sur le modèle les ombre, demi-teinte, clair (1), les uns avec les autres, pour remarquer la DIFFÉRENCE D'INTENSITÉ ou de valeur qui existe entre

(1) Les reflets ne sont autre chose que des demi-teintes.

eux, et avoir soin d'établir cette différence sur son dessin
en comparant de même les ombre, demi-teinte et clair les
uns avec les autres ; — en agissant ainsi, on doit donc
reconnaître sur le modèle les endroits où l'ombre et le
clair, ainsi que la demi-teinte, — sont le plus *accentués*,
et ceux où ils le sont le moins, afin de bien rendre l'EFFET
sur sa copie.

Cette observation, qui s'applique à une surface, doit
également s'appliquer à tout l'ensemble.

Modelé.

3° Former les mêmes raisonnements, quant au MODELÉ
pour établir *par la forme et par l'effet des teintes* les *saillies,* les *creux,* les *parties qui tournent,* celles qui *fuient,*
ainsi que les *méplats* ou parties plates, en pensant surtout
à rendre ces différents aspects qui peuvent être le caractère même de la partie qu'on cherche à représenter.

4° Enfin, considérer ce qu'on copie en l'envisageant à
la fois et comme FORME et comme EFFET et comme MODELÉ.

Appliquer ces principes sans chercher à finir d'abord
sur chaque surface qu'on exécute, puis sur la TOTALITÉ DE
L'ENSEMBLE.

A la fin de l'ébauche, on cherche de nouveau à saisir
sur le modèle, dans son aspect général, les endroits les
plus saillants comme ombre et comme clair, tant sous le

rapport de l'effet que sous celui du modelé, et l'on ramène par la comparaison toutes les autres teintes, *ombres*, *clairs* et *demi-teintes*, à ces points principaux, afin d'établir sur son dessin la différence qui existe dans la gradation et dans l'accentuation des différentes parties du modèle.

FINIR. — Finir un dessin, c'est l'achever au point de vue des *principes* et du *travail ;* — achever un dessin au point de vue du travail, c'est terminer, accentuer ou adoucir, relier entre elles les parties ombrées et heurtées de l'ébauche ; — finir, au point de vue des principes, c'est compléter sous le triple aspect de la *forme*, de l'*effet* et du *modelé* ce qui, sous le rapport d'une justesse rigoureuse, peut manquer aux teintes qui d'abord ont été indiquées d'une manière plus ou moins large, d'une manière plus ou moins lâchée, — puis établir par l'application des mêmes principes les petits détails dont on ne s'était pas encore occupé.

Finir, c'est enfin, point essentiel, saisir le caractère, la physionomie, le sentiment, l'harmonie, l'aspect de la totalité du modèle et chercher à les introduire dans son dessin.

Les principes que nous venons d'exposer comme éléments du trait et de l'ombre sont non-seulement très-utiles pour copier dans la dimension du modèle, mais ils sont *surtout indispensables* pour faire des RÉDUCTIONS. — Or, comment apprendre à dessiner si on n'apprend pas à réduire ?

Nous indiquerons plus loin ce qui a rapport aux réductions.

Cette méthode pour l'ombre comme pour le trait s'applique à toute espèce de dessin, têtes, académies, ornements, paysages, fleurs, etc., et s'emploie également pour copier soit une estampe, soit la bosse, soit la nature.

Les teintes qui sont apparentes sur la bosse ou sur la nature doivent s'exécuter de la même manière que celles qui sont indiquées sur une estampe, et les mêmes raisonnements leur sont applicables.

Nous donnons à la fin de ce traité et comme complément aux *principes* que nous avons exposés dans la théorie relative au trait et à l'ombre, des études sur *leur application* aux surfaces, — à la tête, — à l'académie.

Mais avant, nous devons mettre sous les yeux de l'élève quelques développements pour compléter ce qui est relatif au trait et à l'ombre. Nous n'avons pas l'intention d'entrer dans de trop nombreux détails et nous ne donnerons pas à quelques-unes de nos explications tout le développement qu'elles comportent. Un tel travail dépasserait les limites de ce traité.

Proportions. — Grandeur exacte — Réduction. Augmentation.

Dans la construction d'un dessin, les proportions remarquées entre différentes formes sont évidemment le résultat de la comparaison qu'on a dû faire, car les proportions sont la dimension d'un espace établi *comparativement* à la dimension d'un autre ou d'autres espaces.

On entend également par proportions le rapport existant entre la longueur d'une ligne et la longueur d'une autre ligne, entre la longueur et la largeur d'une surface.

Qu'on agisse sur une ligne ou bien sur une surface, qui n'est pas autre chose qu'un espace, ou qu'on agisse sur un ensemble, il faut donc constamment penser aux proportions, de manière que les longueurs comparées entre elles et comparées aux largeurs soient sur la copie dans la même proportion que celle qui existe sur le modèle.

Cette observation s'applique aussi bien à la reproduction dans la même dimension qu'à celle qui en diffère.

Ainsi, que l'on fasse sa copie dans la grandeur exacte du modèle, que l'on réduise ou que l'on augmente ce qu'on veut représenter, la règle est invariable.

La méthode à suivre constamment est donc, dans l'un et l'autre cas, lorsqu'on a arrêté la dimension que l'on veut donner à son dessin, de comparer sur le modèle la longueur à la largeur, de comparer un espace à un autre, afin que les mêmes proportions se reproduisent sur la copie entre la longueur et la largeur, entre un espace et un autre espace, soit qu'il s'agisse de l'ensemble, soit qu'il s'agisse des détails.

Par conséquent, si vous voulez réduire ou augmenter dans une certaine mesure l'ensemble du modèle, il faut penser continuellement, en faisant la copie, à réduire ou à augmenter *dans la même proportion* chacune des surfaces qui composent cet ensemble, et nécessairement chacune des lignes qui forment le contour de ces surfaces.

Mêmes raisonnements quant à l'ombre, c'est-à-dire aux dimensions proportionnées que les clairs, demi-teintes et ombres doivent avoir entre eux, soit dans l'ensemble, soit dans les grandes et petites surfaces.

Proportions. — Position. — Mouvement. — Aspect, Harmonie du détail

QUE L'ON DESSINE AVEC L'ENSEMBLE DUQUEL IL FAIT PARTIE,
SOIT POUR LE TRAIT, SOIT POUR L'OMBRE.

On doit toujours se guider sur les parties déjà faites pour en faire de nouvelles. Il faut donc bien se pénétrer de cette pensée, reproduite plus haut, que pour mieux établir l'exactitude des proportions, l'harmonie de la forme, de l'effet, du modelé, toute ligne, tout détail, toute surface que l'on exécute doit être placé en vue de l'ensemble auquel il appartient.

Ainsi, une ligne qu'on trace et qui doit concourir avec les autres à rendre la phalange d'un doigt, par exemple, doit être dessinée, non pas en considérant cette ligne seulement, mais la phalange entière qui est l'ensemble auquel se rapporte cette ligne. Il en est encore ainsi lorsqu'on fait la phalange, il faut la considérer par rapport au doigt qui est l'ensemble duquel elle fait partie ; de même, lorsqu'on fait le doigt, il faut le considérer par rapport à la main, la main par rapport au bras, le bras par rapport au torse, etc.

Même méthode relativement à tous les genres de dessins, ornements, paysages, etc., qui tous ne sont composés que de parties ou surfaces reliées entre elles, et à chacune desquelles on applique cette manière de raisonner.

Il ne faut donc jamais considérer la partie qu'on dessine *isolément*, et nous insistons sur ce point capital, mais toujours l'envisager avec ce qui l'environne, avec l'objet ou la surface dont elle n'est souvent qu'un fragment ou dont elle est voisine, parce qu'alors on est bien mieux à même de l'établir selon la position, les proportions et le mouvement, selon l'effet et le modelé, selon l'harmonie et le caractère de l'ensemble auquel elle appartient; résultat en vue duquel on doit surtout travailler et auquel il faut toujours penser, même en faisant le plus petit détail.

Contours. — Mouvement général d'un Ensemble ou d'une Surface.

Lorsqu'on dessine un ensemble ou une surface, soit une académie, une tête; soit un bras, un doigt, un tronc, une branche, un ornement; en un mot, une forme quelconque présentant nécessairement des contours opposés, il faut, tout en établissant les proportions et lorsqu'on fait l'un des contours, regarder celui qui lui correspond pour observer, soit les différentes largeurs qui peuvent exister sur le modèle entre les deux contours qui constituent la forme qu'on veut représenter, soit le mouvement, soit la position des saillies et des creux, et voir si telle saillie du contour que l'on fait correspond à tel creux ou à telle saillie de l'autre contour qui lui est opposé, si elle est plus à gauche ou plus à droite, ou plus haut ou plus bas, et en préciser la position et la distance.

Il faut en même temps bien se rendre compte en regardant les *deux contours à la fois,* de leur tournure, de la forme générale qu'ils affectent, de leur emmanchement, de leur mouvement. — Si l'on ombre : de leur effet et de leur modelé à ces divers points de vue.

Recherchant de cette manière, le caractère de la forme et l'aspect de l'ensemble des contours, on contribue à établir le mouvement général.

3

Aspect.

Je définis l'aspect : ce qui présente à l'œil une forme quelconque, sous le rapport des éléments ou principes qui la constituent et qui sont dans ce traité établis comme bases du dessin.

Il faut donc, lorsqu'on s'occupe de l'aspect, remarquer à la fois la position, la distance, la longueur, la largeur, la direction, le mouvement, les proportions, soit de la totalité de son dessin, ce qui constitue l'*aspect général*, soit de plusieurs surfaces, soit d'une seule surface, soit d'un petit détail, soit enfin d'un point quelconque de son dessin, ce qui constitue l'*aspect particulier*, pour comparer avec le modèle.

Par conséquent, il faut comparer sous le rapport de l'*aspect*, chacune des surfaces qu'on exécute avec celles qui l'environnent. — Ainsi il faut, par exemple, lorsqu'on examine l'ensemble d'une tête, comparer la BOUCHE au nez, aux yeux, au front, à la joue, etc., c'est-à-dire voir l'aspect général de la tête, afin de reconnaître si la *position* de cette bouche, si ses *dimensions* ou proportions, si sa *direction*, si son *mouvement* sont en rapport avec les position, dimension, direction, mouvement du nez, des yeux, du front, de la joue, etc., du modèle; en un mot, de toutes les parties qui constituent la tête. — Et ce qui est dit ici, relativement à la BOUCHE, est également vrai pour chacune des autres surfaces de l'ensemble et leur est applicable.

En résumé, il faut comparer *entre eux* le front, le nez, les yeux, la bouche, les joues, etc., relativement à leur position, à leurs dimensions, à leur direction, à leur mouvement, et reconnaître si la copie, sous ces différents rapports, a le même ASPECT que celui de l'original.

Tout ce qui vient d'être exposé, bien que relatif au TRAIT, peut également s'appliquer à l'ombre.

Ce raisonnement est évidemment le même pour toutes les parties d'une académie, pour celles d'un ornement, etc.

Aspect particulier d'une Surface quant à la forme et au mouvement.

Lorsqu'on dessine une surface, il est bien d'observer la forme en quelque sorte géométrique qu'affecte cette surface (et de même pour une réunion de surfaces ou pour un ensemble ainsi que pour la *forme des teintes*).

Cette surface ressemble-t-elle à un carré ou à un rectangle ? Est-ce plutôt un cercle, ou bien une ellipse? est-ce un triangle qu'elle semble indiquer? est-elle pointue ou arrondie, ou plutôt plate à tel ou tel endroit? etc. Quelle différence ou quel rapport y a-t-il entre les divers contours de cette surface ? Celui-ci est-il plus long, ou plus courbe, ou plus droit, ou plus anguleux que tel autre... Quels sont les points principaux, les plus hauts ou les plus bas ? Ceux qui sont le plus à gauche ou le plus à droite, etc.

En outre : quelle figure géométrique peut représenter la réunion de différents points ou parties séparés les uns des autres? Ces parties présentent à l'œil qui observe un certain aspect dont on doit chercher à saisir la forme, car les divers points ou parties, quoique séparés, peuvent former entre eux quelque chose qui ressemble à une figure quelconque, soit à une ligne, soit à un triangle, soit à un trapèze, etc., et il faut dès lors en reconnaître la forme et le mouvement général, ainsi que la position, bien que les parties soient séparées entre elles. Il est donc nécessaire d'envisager à ce point de vue le modèle et sa copie relativement au *trait*, — puis relativement à l'*ombre* quant à la forme, l'effet et le modelé soit des différents clairs, soit des différentes demi-teintes, soit des différentes ombres qui *se trouvent plus ou moins séparés* les uns des autres, mais qui néanmoins ont une certaine liaison entre eux qui contribue à donner au modèle le caractère qui lui est particulier, précisément par la position, la forme, le mouvement, l'effet, etc., que les clairs, demi-teintes ou ombres affectent dans leur ensemble.

Cette manière d'envisager les formes peut donc aider souvent à en saisir le caractère, la *configuration* avec plus de justesse.

Courbure des lignes.

Dans certains cas et pour obtenir avec plus d'exactitude la courbure d'une ligne, il faut placer son *porte-crayon* devant le modèle sans le toucher, de manière *qu'il présente une ligne droite* qui atteigne les deux extrémités de la ligne courbe, et on remarque la distance qui existe entre cette ligne droite et le point le plus éloigné de la ligne courbe. On répète la même opération sur son dessin en y reportant la distance remarquée sur le modèle. En outre, il faut toujours comparer sur le modèle, cette distance à la longueur de la ligne courbe, afin d'en apprécier la différence pour que cette même différence existe sur sa copie.

Si c'est une réduction que l'on fait, il faut surtout comparer la distance qui existe, et dont nous venons de parler, à la longueur de la ligne courbe pour que les mêmes proportions soient établies sur la copie. Par exemple, si sur le modèle la distance de la ligne droite (c'est-à-dire du porte-crayon) au point le plus éloigné de la ligne courbe n'a que le *tiers* de longueur de cette dernière ligne, il faut, quelle que soit la dimension de la réduction, que dans tous les cas cette distance, sur votre dessin, n'ait également que le tiers de la longueur de la ligne courbe.

Parties fuyantes constituant les Raccourcis.

Lorsqu'on dessine d'après la bosse ou d'après la nature, les parties fuyantes qu'on a à reproduire présentent d'abord une difficulté de plus, celle du raccourci. Or, pour atténuer cette difficulté, il ne faut considérer ces parties que comme des surfaces ordinaires, la profondeur prespective ne pouvant, sur la copie, s'exprimer autrement que par un espace ayant nécessairement longueur et largeur ; c'est donc ainsi qu'il faut envisager le modèle, lorsqu'on fait d'après la bosse ou d'après nature.

Dès lors la règle à mettre en pratique est d'appliquer à ces surfaces fuyantes les mêmes raisonnements que ceux qu'on fait pour les surfaces ordinaires, et de dessiner ces surfaces au moyen des mêmes principes.

Ce qui est difficultueux lorsqu'on a à copier une surface en raccourci, c'est surtout de juger les proportions qui existent entre des espaces qui se présentent à l'œil, par l'effet de la perspective, d'une manière différente de ce qu'ils sont réellement. C'est dans cet examen qu'il faut avant tout bien comparer, telle qu'elle vous apparaît, la *longueur* de la surface fuyante, à sa *largeur*, afin d'en bien remarquer les proportions, et comparer également sous le rapport de la dimension, de la position, du mouvement, cette même surface à d'autres surfaces. En outre, il faut saisir dans son ensemble la *forme* du raccourci, observer si cette forme, comparée aux autres, rend bien celle du modèle et reconnaître si l'aspect général est satisfaisant.

Ce que nous venons de dire est surtout relatif au trait ; quant à l'effet et au modelé, ce sont absolument les mêmes raisonnements que ceux que nous avons formulés relativement aux autres surfaces.

Effet.

Il faut bien se rappeler ce que nous avons exposé à propos de l'effet, soit pour l'ensemble, soit pour les surfaces relativement : 1° à l'intensité ou valeur comparée des clairs, demi-teintes et ombres; 2° à la position, à la dimension, an mouvement de chacun de ces éléments, de manière que tel clair, telle ombre, telle demi-teinte soit dans un rapport exact de dimensien, de position, de mouvement et d'effet avec les teintes qui sont à côté, de telle sorte que toutes ensemble, par leur *forme* et par leur *degré d'intensité*, concourent à rendre convenablement l'effet qu'on cherche à établir.

Mais un fait très-essentiel dont on ne saurait trop apprécier l'importance, est la nécessité d'embrasser à la fois, de *voir en même temps*, et l'ombre et la demi-teinte et le clair, pendant qu'on exécute *une seule teinte*, afin que cette teinte soit, comme FORME et comme EFFET, en rapport avec les autres et selon ce que présente le modèle.

Nous ajoutons de nouveau que, pour bien comprendre l'effet général, il faut envisager la totalité de l'ensemble et saisir sur le modèle les endroits les plus vifs comme clair et comme ombre, puis, une fois leur place reconnue, les établir sur sa copie; on leur compare alors tout le reste des teintes qui doivent être graduées d'après ces points remarquables, base de comparaison continuelle avec tout ce qu'on ombre.

Modelé. — Relief. — Plans.

Modeler c'est rendre ce que l'on copie, sous l'aspect du relief, pour en représenter les plans, les saillies, les parties fuyantes, les méplats ou teintes plates, les parties arrondies et les profondeurs.

Pour atteindre ce but, il faut surtout comme pour l'effet, bien apprécier la valeur comparée des teintes, leur accentuation et leurs dimensions relatives, ainsi que leur position, leur direction et leur mouvement. Opérer ainsi, c'est reconnaître, sous ses divers aspects, le caractère de la partie qu'on cherche à reproduire.

Cette appréciation doit s'effectuer non-seulement pour une surface, mais pour les surfaces diverses qui constituent l'ensemble, afin de remarquer celles qui ont, soit du relief, de la saillie, soit des méplats, soit des parties creuses, soit une forme arrondie, soit des parties fuyantes.

Ainsi, comme une surface se compose ordinairement de clairs, ombres et demi-teintes, lorsque vous commencez à ombrer, pour modeler cette forme, remarquez bien, — ne craignons pas de le répéter, ces mêmes clairs, ombres et demi-teintes, afin de les comparer entre eux, sous le rapport de leur *valeur* ou *intensité,* de leur *relief,* de leur *vigueur* ou de leur *faiblesse de ton*, de leur *opposition,* de leur *liaison*, de leur plus ou moins de *netteté*, etc.; enfin de leur dimension, de leur position, de leur mouvement.

Or, pendant le travail, il faut aussi observer l'aspect
général des teintes de cette *même surface* et en faire la
comparaison avec l'aspect général des *autres surfaces*, pour
que chacune ait son caractère propre et en même temps har-
monieux avec l'ensemble, sous le rapport du modelé, ce
qui revient à dire qu'il est nécessaire de penser aussi à la
forme des teintes, car si la *forme* n'était pas juste, le *modelé* ne le serait pas non plus.

L'on doit enfin modeler pour que chaque partie soit à
son plan, c'est-à-dire qu'elle paraisse plus avancée ou plus
reculée, selon ce que présente le modèle ; plus les parties
qu'on copie sont près de l'œil, plus elles sont arrêtées ;
plus elles s'éloignent, plus elles semblent se lier, se con-
fondre entre elles.

Un fait que l'on doit aussi remarquer et qu'il faut un peu
plus étudier parce qu'il se reproduit partout, est la *dimension et* la *liaison* plus ou moins sensible des différentes
teintes qui appartiennent à une même forme. Cette liaison
s'opère généralement au moyen d'une demi-teinte d'une
certaine étendue et d'une certaine intensité, placée entre le
clair et l'ombre. Lorsqu'on veut représenter, je suppose,
une forme arrondie, il faut que la demi-teinte, placée
entre le clair et l'ombre, *soit large* et dégradée, *insensiblement* vers le clair et vers l'ombre, afin que la liaison s'opère
lentement. Au contraire, la liaison s'opère d'une manière
brusque si la forme indique deux plans qui, liés l'un à
l'autre d'une façon anguleuse, présentent des méplats.
Dans ce dernier cas la demi-teinte qui doit relier un plan

à un autre doit être *peu* large à l'endroit de jonction des deux plans.

Vous pouvez en avoir un exemple en prenant une feuille de papier blanc; joignez les deux extrémités de cette feuille sans faire de pli, le milieu de la feuille présente alors une partie bombée, arrondie; observez la partie éclairée et la partie ombrée, remarquez ensuite entre ces deux parties, la demi-teinte qui lie l'ombre au clair, vous reconnaîtrez que cette demi-teinte *est large et dégradée*, s'éteignant doucement dans le clair et dans l'ombre.

Au contraire, pliez en deux la feuille de papier, **vous** aurez deux plans représentant deux méplats; placez-les au jour de manière à ce qu'il y en ait un seul d'éclairé, vous remarquerez que la demi-teinte qui lie le plan ombré au plan éclairé *est très-étroite* et d'autant plus étroite qu'elle devient presque nulle si vous avez plié la feuille de papier avec force.

Dans le premier cas, au moyen d'une demi-teinte large et dégradée, on représente une forme ceintrée; **dans le** deuxième cas, une forme angulaire.

Ces remarques peuvent faire comprendre combien il est important de comparer ENTRE ELLES *les dimensions* du clair, de l'ombre, de la demi-teinte, ainsi que leur intensité.

Ajoutons qu'on doit toujours faire le modelé d'une manière large, et ne pas trop s'appesantir sur les détails qui s'y trouvent, afin que l'œil soit plutôt frappé par l'aspect de la forme générale que par les petites parties dont elle peut être composée et auxquelles il ne faut pas donner plus d'importance qu'elles n'en ont sur le modèle.

Une remarque qu'il ne faut pas non plus négliger est celle-ci : quand on ombre, il faut chercher à rendre *d'abord* l'aspect de la forme qu'on veut reproduire plutôt qu'à mettre seulement de l'estompe ou du crayon pour finir, polir, avant tout, ce qui n'arrive que trop souvent aux élèves.

Caractère.

Par caractère on entend, soit l'aspect général de l'ensemble relativement à ce qu'il a de saillant, de remarquable, de saisissant, de distinctif dans le modèle ; soit l'aspect particulier qu'affecte une forme relativement à l'aspect des autres formes.

La reproduction du caractère du modèle concourt à donner à une copie ce qu'on appelle plus particulièrement la ressemblance.

Il faut donc toujours, lorsqu'on va achever un dessin, penser à remarquer si ce que l'on fait est dans le caractère du modèle. Ce principe a une grande utilité, il s'applique aussi bien au trait qu'à l'ombre.

Par conséquent l'*on ne doit pas* SEULEMENT *considérer l'ensemble et les surfaces sous le rapport de la longueur, de la position, du mouvement,* etc., etc., mais aussi relativement au sentiment, à la physionomie, enfin à l'aspect et au CARACTÈRE *qui leur sont propres.*

Moyen pour saisir avec plus d'exactitude les Proportions.

Pour reproduire la longueur proportionnelle d'une ligne ou d'une surface, nous avons dit qu'il fallait procéder surtout par comparaison avec d'autres lignes, d'autres surfaces.

Cependant il y a un moyen qui sert quelquefois à donner les proportions des grandes lignes, des grandes surfaces, des grandes distances, moyen peu employé il est vrai, mais qui est bon dans certains cas, lorsqu'on s'en sert avec précaution. Son application demande une certaine habitude.

Supposons qu'on veuille comparer la longueur d'une ligne A B (fig. 1) à celle d'une autre ligne : le moyen consiste à présenter devant le modèle A B une règle ou un portecrayon A' B' que l'on place dans un sens vertical devant son œil O, et dont l'extrémité supérieure A' correspond à l'extrémité supérieure A du modèle ; puis, sans bouger le portecrayon qu'on tient, on applique son index au point B' qui correspond à l'autre extrémité B de la ligne du modèle ; or, de l'extrémité A' du portecrayon à l'endroit B' où l'index est placé, il y a une distance, et cette distance est précisément celle qui devant l'œil O correspond à la longueur de la ligne A B du modèle.

Ensuite, ayant toujours le portecrayon devant l'œil et

ayant l'index à la même place, on fait faire un léger mouvement au bras afin de reporter cette distance sur une autre longueur du modèle, avec laquelle on veut comparer, et alors on juge de la différence qu'il y a entre la première longueur et la seconde.

En outre il est nécessaire, lorsqu'on replace le portecrayon sur une nouvelle longueur qu'on veut comparer à la première, de choisir cette longueur à côté de cette dernière, afin qu'il n'y ait qu'un petit déplacement du bras et que le portecrayon dans la deuxième opération soit juste, comme dans la première, à la même distance de l'œil, et qu'il ne soit ni plus ni moins incliné, ce qui est très-important. Dans ces deux opérations l'on ne doit ni allonger n raccourcir le bras, sans quoi le résultat serait vicieux.

De la Direction.

MOYEN POUR L'OBTENIR AVEC PLUS DE JUSTESSE.

Nous l'avons déjà reconnu, pour obtenir la direction soit d'une ligne, soit d'une surface, il faut comparer la direction de la ligne qui est sur le modèle à celle qui est sur son dessin, puis comparer sur le modèle et sur sa copie la direction de cette ligne ou surface à la direction d'autres lignes ou surfaces pour en voir la différence.

Mais il y a en outre un moyen pratique que nous allons indiquer, et il faut l'employer fréquemment.

Obtenir la direction d'une ligne par la seule justesse du coup d'œil et par la comparaison, cela offre une certaine difficulté.

Pour en venir à bout avec plus de certitude, on emploie soit la ligne verticale, soit la ligne horizontale.

La ligne verticale est celle qui est parallèle à un fil à plomb (fig. 2).

La ligne horizontale est celle qui est parallèle à l'horizon (fig. 3).

La ligne verticale s'obtient en prenant un fil à plomb ou une règle ou un portecrayon qu'on tient légèrement suspendu par l'une de ses extrémités, de manière qu'il tombe *verticalement* par son propre poids. On le place, sans qu'il touche le modèle, devant un œil en fermant l'autre, et l'on voit ainsi la ligne verticale formée par le portecrayon.

La ligne horizontale s'obtient en plaçant le portecrayon couché devant son œil et en le tenant de manière que l'une de ses extrémités ne soit ni plus haute ni plus basse que l'autre.

Dans la verticale comme dans l'horizontale, on dispose le portecrayon de telle sorte qu'il présente une ligne droite dans toute sa longueur.

Or, comme on est toujours le maître d'obtenir ainsi d'une manière certaine soit une ligne verticale, soit une ligne horizontale, ces deux lignes peuvent guider pour obtenir des lignes obliques.

Ainsi, lorsqu'on a à rechercher la direction d'une ligne quelconque, on applique sur le modèle, à l'une des deux extrémités de cette ligne, soit une ligne horizontale (si cette ligne paraît dans une position qui approche de l'horizontale), soit une ligne verticale (si cette ligne paraît plutôt dans un sens vertical). Puis on remarque la différence qui existe entre la *direction* de la verticale (ou de l'horizontale) et la *direction* de la ligne cherchée, différence dont on se rend compte par la distance qui sépare à l'une des extrémités la verticale de la ligne cherchée.

Exemple :

Ayant une ligne oblique A B (fig. 4) à représenter, dont la direction approche de la verticale, on place devant le modèle A B un portecrayon A C (où fil à plomb) à l'extrémité supérieure A de la ligne oblique, de manière qu'il retombe perpendiculairement et forme ainsi la ligne A C.

On répète la même opération sur son dessin (fig. 5) en traçant d'abord légèrement une verticale au *point* A', lequel indique sur son dessin la place de l'extrémité supérieure de la ligne cherchée ; place qu'on a déjà établie par un point.

Dès lors, cette verticale A' C' tracée sur son dessin représente la verticale qu'on place avec le portecrayon devant le modèle. — A ce moment, il faut reconnaître sur le modèle la *distance* qu'il y a de l'extrémité B de la ligne oblique au point C de la verticale. (Ce point C fictif représente un point qui ne doit pas être plus haut ni plus bas que le point B.) On considère donc cette distance, on la retient et on l'établit sur son dessin (fig. 5) au moyen d'un point qu'on pose en B', à côté de la verticale A' C', de manière qu'il y ait de B' en C', la même distance que de B en C. — Ce point indiqué, on joint A' et B' par une ligne droite qui devient ainsi *la ligne oblique cherchée* dont on compare la longueur avec celle du modèle, et si on la rectifiait, ce qui serait possible, il faudrait dans tous les cas que la distance entre B' et C' fût toujours la même que celle remarquée sur le modèle entre B et C.

Il faut en outre comparer cette même distance B C sur le modèle, à la longueur de la ligne A B, en saisir la différence et voir si cette même différence existe sur son dessin.

Ainsi la *distance* de la ligne verticale à la ligne oblique, c'est-à-dire à la ligne cherchée, étant juste comme celle du modèle, et la *longueur* de cette dernière ligne étant juste également, l'obliquité de la ligne est exacte.

Par ce moyen on obtient une oblique, dans un grand nombre de cas, plus juste qu'avec l'œil seulement, car il est plus facile de remarquer la distance de la ligne oblique à la verticale et de la reporter sur son dessin, que de reconnaître seulement le degré d'obliquité de cette même ligne.

Or, ceci n'empêche pas qu'on ne doive après l'opération, et c'est même nécessaire, comparer la ligne du modèle à celle de sa copie, en ne considérant alors les lignes que sous le rapport de l'obliquité, afin de reconnaître si l'œil en est satisfait.

Ce sont deux manières de procéder qui se contrôlent mutuellement : 1° celle qui consiste à appliquer une verticale ; 2° celle qui consiste à comparer la ligne du modèle à celle qu'on a faite en ne l'envisageant qu'au seul point de vue de l'obliquité, afin de mieux exercer son œil.

La même marche doit avoir lieu dans une réduction.

Et c'est là surtout où il faut que la *distance* de la verticale à la ligne oblique soit comparée à la *longueur* de cette ligne, afin que les proportions soient sur son dessin les mêmes que celles qu'on remarque sur le modèle.

Faire les mêmes raisonnements lorsque au lieu de procéder sur une verticale on procède sur une horizontale.

Position. — Distance.

Pour familiariser l'élève avec le moyen que nous venons d'indiquer et relatif à la direction, moyen qu'on emploie également pour déterminer la *position* et la *distance* d'un point ou d'une ligne ou d'une surface, nous allons en faire l'application de la manière suivante :

Lorsqu'on a à établir un point, une ligne, une surface, et que l'on veut en reconnaître la position plus exactement par rapport à d'autres points, lignes ou surfaces, il faut, au moyen d'une verticale ou d'une horizontale (selon le cas), qu'on place sur *un autre point* du modèle, examiner : 1° la distance qu'il y a entre la verticale (ou l'horizontale) et le point cherché ; 2° examiner la distance qu'il y a entre les deux points.

Il faut donc *premièrement* remarquer AU MOYEN d'une *verticale* ou d'une *horizontale* si le point cherché est : 1° plus haut, 2° plus bas, 3° plus à droite, 4° plus à gauche qu'*un autre point*. Il n'y a que ces quatre manières d'observer, et il faut les appliquer chaque fois qu'on fait un point, une ligne ou une surface nouvelle, afin d'en mieux indiquer la position par rapport à tel ou tel autre point ; — *deuxièmement*, reconnaître la distance qu'il y a entre le point cherché et l'autre point sur lequel on applique la verticale (ou l'horizontale).

Exemple :

La fig. 6 représente deux points A et B qu'on veut reproduire et qu'on suppose appartenir à une même surface ou à des surfaces différentes.

Le point A' (fig. 7) étant déjà placé sur son dessin, il s'agit de déterminer la position du point B' qui n'est point encore indiquée et qu'on cherche précisément à établir; — afin de placer convenablement ce point B', je tire une verticale A C sur le modèle (fig. 6) partant du point A, et j'examine la *distance* qu'il y a du point fiotif C de la verticale au point B.

Après avoir fait une verticale sur mon dessin au point A' (fig. 7), je reporte à gauche de cette verticale en B' cette *même distance* que j'ai observée sur le modèle.

Maintenant, en examinant avec soin la distance qu'il y a entre A et B du modèle et en l'établissant sur mon dessin, j'obtiens ainsi la position du point B' par rapport à la position du point A'.

Il faut aussi comparer la distance A B à la distance B C, afin que les mêmes proportions existent également sur la copie entre A' B' et B' C'.

C'est donc la même opération que pour obtenir une direction.

Si le modèle avait présenté deux points paraissant être sur une ligne plus horizontale que verticale, tels que A et B (fig. 8), on aurait dû placer une horizontale sur le point A au lieu d'une verticale; et ayant reconnu la distance de B au point fictif C de l'horizontale, puis la distance de A à B, on les aurait reportées sur son dessin et l'on aurait ainsi obtenu la position de ces deux points.

On aurait encore dû remarquer la distance du point A au point B et la comparer à celle qui existe entre le point B et le point fictif C de l'horizontale, afin d'apprécier les proportions qu'il y a entre ces deux distances, et de reconnaître si elles sont dans le même rapport sur sa copie, pour déterminer avec exactitude la position des deux points A et B.

Le service que peut rendre l'application des verticales et des horizontales étant un fait bien certain, bien établi par la pratique de presque tous ceux qui dessinent, nous ne saurions trop engager l'élève à employer ce moyen. — Il doit donc s'exercer à tracer des verticales et des horizontales, et pour établir ces lignes avec plus de certitude, il doit faire en sorte qu'une horizontale soit parallèle au bord supérieur ou inférieur de la feuille de papier, et une verticale parallèle au bord de gauche ou de droite.

APPLICATION DE LA THÉORIE

AU TRAIT ET A L'OMBRE

—

TRAIT

1° de diverses surfaces de la tête; — 2° de la tête; 3° de l'académie.

Après avoir fait d'une manière générale l'exposition des principes du dessin, relatifs aux lignes, aux surfaces, à l'ensemble, nous allons appliquer ces principes à l'étude de surfaces séparées. — UN NEZ — UNE BOUCHE — UN ŒIL, — puis à la réunion des diverses surfaces qui composent — UNE TÊTE, — puis à une ACADÉMIE.

Cependant, nous ferons sommairement ces diverses études qui nécessiteraient un travail très-long pour exposer tous les cas sur lesquels on pourrait raisonner, mais nous indiquerons les principaux, et l'élève obtiendra de cette lecture, si elle est renouvelée, un résultat qui lui sera très-profitable, en supposant même qu'il ne retienne pas tout ce que nous aurons étudié ensemble.

On va trouver bien des répétitions dans ce travail, mais nous savons par expérience qu'il ne faut pas craindre de revenir sur ce qui a été déjà enseigné, afin que l'esprit de l'élève finisse par être pénétré de raisonnements qui peuvent être si fructueux pour lui.

Nous devons ajouter une remarque importante : bien que nous eussions désiré placer sous les yeux de l'élève des figures pour lui faciliter l'explication de la marche à suivre, et aussi pour lui faire sentir par l'exemple de *copies défectueuses*, la cause de ses erreurs et, en outre, par l'exemple de la *rectification* de ces mêmes copies, le moyen de les améliorer: malgré ce désir, disons-nous, nous n'avons pu, dès à présent, mettre ce projet à exécution, nous réservant d'ailleurs de le faire plus tard. Néanmoins, malgré l'absence de ces figures, nous sommes convaincus que l'élève puisera dans ce travail de très-utiles enseignements, qui contribueront certainement à ses progrès.

La marche qui va être suivie dans l'étude de la figure, s'applique tout à fait à celle de l'ornement, tout aussi bien qu'à tout autre genre de dessin.

Le travail de l'élève devra consister à copier d'abord au trait une surface et à répéter cet exercice plusieurs fois en changeant de modèles. Ainsi on fera d'abord un nez, je suppose, et on recommencera l'étude du nez d'après de nouveaux modèles ayant une pose et un caractère différents. Il en sera de même des autres surfaces, les yeux, la bouche, les oreilles, etc. L'essentiel est que l'élève puisse faire l'application des principes de cette méthode sur des surfaces quelconques. Or, il est préférable qu'il s'exerce sur les parties qui constituent la tête, puisqu'il faut qu'il arrive à exécuter cette dernière étude. Lorsqu'il se sera familiarisé avec ces surfaces, il fera des profils, ensuite des têtes de profil, puis des têtes de face et aussi de trois quarts, afin d'exécuter des dessins de plus en plus difficiles. Lorsqu'il sera assez fort sur le trait d'une tête, il l'ombrera en commençant par un profil peu ombré. Enfin, lorsqu'il fera l'ombre d'une manière satisfaisante, il exécutera le trait de l'académie, et ce n'est qu'après y avoir acquis un certain degré de force qu'il l'ombrera.

L'ébauche se fait au fusain, légèrement, le fusain pouvant s'effacer facilement avec du linge ou de la peau. Puis, lorsque l'ébauche est faite, on la passe au trait avec le crayon Conté n° 1, en rectifiant les traits de fusain qu'on fait ensuite disparaître.

Lorsqu'on veut effacer le crayon ou en atténuer la force, on se sert de mie de pain rassie, avec laquelle on forme des boulettes.

Il faut effacer le moins possible, parce que la mie de pain graisse le papier, et il arrive un moment où le crayon ne peut plus marquer.

SURFACES

Nez de profil

Après avoir considéré le modèle dont l'ensemble représente un nez, on doit établir l'ébauche au fusain, avec des lignes simples, non précises et en laissant de côté les petits mouvements de ces lignes dont on ne s'occupera qu'à la fin.

Longueur totale. — Largeur totale.
Mouvement général.

Alors on commence par déterminer la longueur et la largeur totales du modèle. On établit donc sur sa feuille de papier *deux bouts de ligne :* l'un indiquant l'extrémité supérieure, l'autre l'extrémité inférieure du nez, afin de représenter sa *longueur totale.*

Puis on détermine de la même manière la *largeur totale,* partant du bout du nez jusqu'à l'aile du nez.

On procède ainsi en plaçant d'abord des bouts de ligne, parce que si l'on se trompe dans ce premier travail, on n'a à effacer que quelques petites lignes que l'on reporte ailleurs.

En établissant ces lignes, *on compare* sur le modèle la

longueur du nez à sa largeur pour en appécier es proportions, c'est-à-dire la différence, *afin que sur sa copie* la
largeur ne soit ni trop grande ni trop petite relativement
à la longueur.

Quand on est à peu près certain que les proportions
sont justes, on relie ces bouts de ligne entre eux par des
lignes d'une longueur égale à celle du modèle, afin d'indiquer d'une façon plus visible la longueur totale et la
largeur totale ; puis on trace les lignes qui indiquent le
bout du nez et le bas du nez. En établissant toutes ces lignes, on commence donc à déterminer l'enveloppe du nez
et le mouvement général.

Position — Proportions — Direction — Mouvement

DES DIVERSES PARTIES DU NEZ.

Or, en même temps qu'on place ces lignes, il est nécessaire d'en indiquer la direction au moyen de verticales et
d'horizontales. (Voir l'article traitant de la direction, p. 49)
Car il faut bien se rappeler qu'on doit sur toute ligne en
reconnaître la *longueur* de même que la *direction*, et en
outre, comparer les *lignes entre elles*, afin de remarquer
les plus longues, les plus courtes, comme aussi celles qui
sont plus ou moins obliques.

Lorsqu'on est à peu près satisfait de cette première
ébauche, on établit l'*aile du nez* d'une manière plus conforme à son aspect, en lui donnant avec une certaine pré-

cision la *longueur* que présente le modèle et en comparant cette longueur avec la largeur du nez, afin que sur la copie l'aile du nez ne soit ni trop longue, ni trop courte par rapport à la largeur du nez. On détermine ensuite la *largeur* de l'aile du nez que l'on compare à sa longueur déjà établie.

Puis on place la *narine* en remarquant sa *position* relativement au bas du nez, au bout du nez et à l'aile du nez, afin que cette narine ne soit ni trop haut, ni trop bas, ni trop à gauche, ni trop à droite, relativement à ces différentes parties.

En établissant la *position de la narine*, il faut nécessairement en indiquer la *longueur* et la comparer, par exemple, à la *longueur de l'aile du nez*, puis reconnaître la *largeur* de cette narine que l'on compare à sa longueur; puis enfin, déterminer sa *direction* au moyen d'une horizontale. (Voir la direction, p. 49.)

Ensuite, on trace les *mouvements* des différentes lignes qui jusque-là n'étaient faites que d'une manière très-simple, et on indique les principales courbures de chacune.

Enfin, avant de terminer, on remarque l'aspect général du nez et on le compare à celui du modèle, afin de saisir le *caractère* de l'ensemble, le NEZ et le *caractère* des *surfaces*, la NARINE, l'AILE DU NEZ *et ce qui complète le nez.*

Or, cette comparaison doit être faite en ayant dans la pensée les principes que nous indiquons, afin de voir si la position, si les proportions, si la direction, si le mouvement des lignes et des surfaces de la copie sont bien conformes à ceux du modèle et s'ils concourent à rendre l'aspect de l'ensemble qu'on a devant les yeux.

Puis on rectifie *au crayon* les diverses lignes faites au fusain, on les relie l'une à l'autre d'une manière définitive, on en précise avec soin la courbure, les petits mouvements et les méplats (parties plates, lignes droites), et on donne à ces lignes la netteté qu'elles ne devaient pas avoir d'abord.

Ce dernier travail a pour but de compléter ce qui manquait et de donner à la copie le caractère et l'aspect général du modèle.

En poursuivant les études, l'élève va mieux comprendre encore ce que nous avons voulu lui exposer dans celle-ci.

Bouche et menton de profil.

Si l'on copie un modèle représentant un profil composé du *dessous du nez*, de la *bouche* et du *menton*, il faut appliquer la même marche que dans l'étude précédente.

Longueur totale. — Largeur totale. Mouvement général.

C'est-à-dire : établir deux bouts de ligne, l'un indiquant le haut, l'autre le bas de la *longueur totale* (du bas du nez au bas du menton), et après avoir examiné par la comparaison avec le modèle, si cette longueur est juste, tracer une ligne droite qui joint les deux bouts de ligne, en lui donnant le *mouvement*, c'est-à-dire la *direction* générale que présente le modèle.

On trace donc cette ligne *fictive* comme s'il y en avait une sur le modèle partant du bas du nez, passant à peu près sur le bord des lèvres et aboutissant au bas du menton.

Divisions.

Puis la *longueur* et la *direction* de cette ligne droite une fois établies, on y indique par des petites lignes les *divi-*

sions principales de l'ensemble qui sont : du bas du nez au milieu de la bouche, du milieu de la bouche au creux du menton, du creux du menton au bas du menton.

Ainsi remarquant sur le modèle la distance qui existe du bas du nez au milieu de la bouche, on reporte sur son dessin cette distance et on établit une ligne qui indique la *position* du milieu de la bouche, puis une ligne indiquant la *position* du creux du menton. Quant à la place déterminant le bas du menton, elle est déjà indiquée par l'extrémité inférieure de la ligne précédemment établie.

En plaçant par des lignes ces diverses divisions ou distances, il faut bien avoir le soin de les comparer les unes avec les autres, afin de reconnaître la différence d'espace qui existe entre elles.

Ainsi, il faut que la distance du bas du nez au milieu de la bouche, celle du milieu de la bouche au creux du menton, celle du creux du menton au bas du menton, il faut, disons-nous, que ces diverses distances aient entre elles le même rapport que celui qui se remarque sur le modèle.

Ces divisions étant tracées, il faut remarquer si elles coïncident avec la longueur totale.

On vérifie donc la longueur totale établie tout d'abord avec la longueur fournie par les divisions, et s'il est nécessaire, on rectifie, afin qu'il y ait accord entre elles, car les différentes longueurs fournies par les divisions doivent, dans leur réunion, former la longueur totale.

Une fois les divisions établies, on indique la *largeur totale*, qui n'est autre chose ici que celle qui existe d'une extrémité à l'autre de la bouche, et l'on remarque, en outre, si le mouvement général de l'ensemble est juste.

Ayant déterminé la longueur totale, la largeur totale, le mouvement général, ainsi que les divisions, on commence à établir la gouttière nasale qui se trouve au-dessus de la lèvre supérieure.

**Position. — Proportions. — Direction.
Mouvement.**

En dessinant la gouttière nasale, on cherche à en reconnaître la position, la direction et le mouvement, c'est-à-dire la courbure qu'elle peut présenter d'une manière générale.

Puis on indique la lèvre supérieure et la lèvre inférieure en précisant la *longueur* de la bouche, ainsi que sa *largeur*, et en comparant la longueur à la largeur. On compare de même la largeur d'une lèvre à la largeur de l'autre.

Puis on établit le creux du menton.

Puis le menton.

Bien que les contours du modèle soient arrondis, il ne faut pas chercher dans cette première esquisse l'exactitude minutieuse des mouvements, et on doit opérer avec des lignes simples rendant à peu près les mouvements principaux qui sont dans la courbure du modèle.

Ce qu'il faut surtout remarquer, ce sont : la *position*, les *proportions*, la *direction*, les *mouvements principaux*,

5

tant des lignes que des surfaces, car il arrive qu'on se trompe souvent dans ce premier travail si essentiel, et alors comme il faut effacer, tout le temps qu'on aurait employé à rechercher la forme d'une manière rigoureuse serait perdu. Ce n'est qu'à la fin, lorsque tout est en place, qu'on établit les moindres mouvements avec justesse.

Dans l'étude de ce profil, il importe de remarquer le moyen qu'on emploie pour indiquer la *position* de la lèvre supérieure, de la lèvre inférieure et du menton.

Voici comment on doit procéder :

Il faut établir sur le bord du nez du modèle une verticale (Voir l'article de la position, p. 53) dont on apprécie la distance au bord de la lèvre supérieure. On établit également une verticale sur son dessin au bord du nez, et on reporte à côté la distance remarquée sur le modèle, ce qui détermine la position du bord de la lèvre supérieure, par rapport au nez.

De même, lorsqu'on veut indiquer la position de la lèvre inférieure, il faut se servir du même moyen.

Ainsi, il faut établir sur le bord de la lèvre supérieure du modèle une verticale *dont on reconnaît la distance* (s'il y en a) à la lèvre inférieure. On fait donc la même opération sur sa copie et l'on y établit une verticale sur le bord de la lèvre supérieure en reportant à côté la *distance remarquée* sur le modèle, ce qui indique la place, la position que doit avoir sur la copie le bord de la lèvre inférieure par rapport à la lèvre supérieure.

On fait encore une opération semblable pour obtenir la

position du bord du menton, en *plaçant* sur le modèle une verticale sur le bord de la lèvre *inférieure* et en *remarquant la distance* qui existe de cette verticale au bord du menton, et l'on continue comme il vient d'être indiqué plus haut.

On a donc la position du menton par rapport à la lèvre inférieure, de même qu'on a eu par un procédé analogue la position de la lèvre inférieure par rapport à la lèvre supérieure, etc.

En indiquant ainsi la *position* de la bouche et du menton, on contrôle et on rectifie la direction de la grande ligne qu'on avait placée primitivement pour indiquer d'une manière simple et générale la longueur et la direction de tout l'ensemble.

En outre, on vérifie de nouveau la *longueur* et la *largeur* de la bouche en les comparant entre elles et en comparant aussi la largeur d'une lèvre avec la largeur de l'autre.

On remarque en outre sur le modèle, la *direction* de la bouche, et cela au moyen d'une horizontale qu'on place à l'une de ses extrémités pour savoir si ce point est plus haut ou plus bas que l'autre extrémité.

On indique ensuite, avec plus d'exactitude, le creux du menton sous la lèvre inférieure en observant la longueur, la profondeur et la forme plus ou moins arrondie, plus ou moins plate qu'il peut avoir.

Puis on construit le menton en observant de nouveau sa

longueur et en lui donnant la direction soit verticale, soit oblique, ainsi que le mouvement, c'est-à-dire la courbure que le modèle peut présenter.

Telle est la marche générale qu'on doit suivre quand on fait l'ébauche, mais il faut bien se rappeler que tout en faisant chaque surface, il faut chercher à lui donner le caractère que présente le modèle.

Dans cette étude, comme on le reconnaît, c'est toujours l'application des mêmes principes qu'il faut savoir adapter aux différents cas qui sont manifestés par les formes qu'on a à reproduire.

C'est donc à l'élève à faire le plus de remarques qu'il pourra, quant à la *position*, aux *proportions*, à la *direction*, aux *mouvements* principaux des lignes et des surfaces.

Nous répétons encore une observation importante : c'est qu'il faut faire l'ébauche tout d'abord d'une manière très-peu arrêtée et ne s'occupant que d'établir la position, les proportions et directions principales et les mouvements importants de chaque surface afin d'être à même d'envisager plutôt son ensemble, puis aussi, parce que si l'on s'est trompé, on n'a à effacer que des lignes non achevées; on économise donc du temps et on s'épargne des ennuis. Cette remarque est, une fois dite, pour les diverses études que nous allons faire.

On sort de l'ébauche en achevant de donner à toutes les lignes la justesse de direction, puis le mouvement, la courbure, la précision qui sont dans le modèle, tant sous le rapport de la longueur de chaque petit mouvement que sous celui de la direction, car les divers mouvements d'une ligne courbe se reconnaissent surtout à la longueur et à la direction de chacun, comme nous l'étudierons d'une manière plus développée au chapitre suivant, en traitant de ce qui a rapport à la surface d'un *œil de face.*

Enfin on rectifie au crayon les diverses lignes en leur donnant aussi la pureté nécessaire, et l'on compare de nouveau l'aspect général de la copie avec l'aspect général du modèle.

Quant à l'*œil de profil*, il est bon que l'élève en fasse des études avant de passer à l'œil de face, et il doit s'en procurer des modèles. (Entre autres ceux de *Jullien.*)

Or, comme d'une part, les raisonnements sur l'*œil de profil* sont les mêmes que ceux que nous avons faits relativement au nez et à la bouche et qu'il n'y a qu'à les appliquer sur les nouvelles formes qui constituent l'œil de profil; et comme, d'autre part, nous allons étudier l'*œil de face* qui est beaucoup plus difficile, nous avons pensé que, afin de ne pas surcharger le présent travail, nous pouvions immédiatement passer à l'examen de cette nouvelle surface.

Œil de face.

Soit un *œil de face*, la surface à représenter :

Pour la construction de cette surface, il faut d'abord se rappeler ce que nous avons dit dans les études précédentes.

Longueur totale. — Largeur totale.
Mouvement général.

Ainsi pour commencer, on établit au moyen de bouts de ligne la *longueur totale* de l'œil, depuis le larmier jusqu'à son autre extrémité, qui est la fin du blanc de l'œil, en remarquant les divisions qui sont contenues dans cette longueur, telles que les deux contours de gauche et de droite de la prunelle, puis on établit par deux bouts de ligne la *largeur totale* de l'œil à l'endroit de la plus grande largeur, et l'on compare cette largeur à la longueur totale pour en bien déterminer les proportions.

Ensuite, on trace autour de ces petites lignes une *enveloppe* sous forme d'ébauche et on cherche à donner à cette enveloppe le *mouvement général* de l'œil.

En même temps on revient sur les divisions principales qui peuvent se trouver dans l'œil : 1° la distance qui existe du larmier au 1ᵉʳ contour de la prunelle ; 2° la distance qui sépare les deux contours de gauche et de droite de la prunelle, en d'autres termes, on détermine la largeur de la prunelle dont on forme, à ce moment, l'*enveloppe* ; 3° la distance qu'on remarque entre le 2° contour de la prunelle et la fin de l'œil. — On compare ces divers espaces entre eux pour reconnaître leur différence respective.

L'opération qui consiste à établir les divisions de l'ensemble, se fait comme nous l'avons déjà dit, pour contrôler la *longueur totale* qu'on a établie, en même temps que pour indiquer la place des divisions.

En déterminant, comme ébauche, la longueur, la largeur, le mouvement de l'œil ainsi que son enveloppe, on dessine ensuite la paupière supérieure, puis la paupière inférieure, puis le sourcil, en appliquant à chacune de ces surfaces les principes qui ont été exposés précédemment quant aux lignes et aux surfaces.

Position.

Lorsque cet ensemble est ébauché, on cherche à reconnaître de nouveau si l'on a bien observé la *position* de chaque surface par rapport à la position des autres. — Par exemple : la position du sourcil par rapport à la position de l'œil, ce qui consiste à constater si le sourcil n'est pas trop haut ou trop bas, pas trop à droite, pas trop à gauche, relativement à l'œil. — Alors on remarque entre autres choses si les deux extrémités du sourcil sont dans une *position* convenable par rapport à la *position* des deux extrémités de l'œil.

Et de même pour la paupière supérieure *relativement au sourcil et à l'œil*, de même pour la paupière inférieure *relativement à la paupière supérieure*, de même pour la prunelle et pour les autres détails *relativement aux différents points* qui sont à gauche, à droite, au-dessus et au-dessous.

Proportions.

On recherche également si les proportions, c'est-à-dire si la longueur et la largeur d'une surface ou d'un espace quelconque (un espace, nous l'avons dit, n'est autre chose qu'une surface) sont bien comme celles du modèle, ce qui a lieu par la comparaison qu'on fait *entre les longueur et largeur d'une même surface* pour en saisir la différence ; et de plus, par la comparaison *entre les surfaces* pour reconnaître les plus grandes, les plus petites.

Par exemple : comparer la surface représentée par la longueur et la largeur du sourcil, à *la surface ou espace* qui *se trouve au-dessous* entre le sourcil et la paupière supérieure. — Comparer encore la surface du sourcil à une autre surface ; à la longueur et à la largeur de la *paupière supérieure*.

Comparer la longueur et la largeur de la paupière supérieure à la largeur de la *paupière inférieure*, et aussi à la longueur et à la largeur du *blanc de l'œil*.

On compare également la *largeur de l'espace* compris entre le sourcil et la paupière supérieure, à la *largeur de l'œil*, etc.

Il en est de même pour l'œil dont on compare les dimensions soit avec celles des *paupières*, soit avec celles de *l'espace* qui est au-dessous du sourcil, soit avec le *sourcil* lui-même.

Il arrive souvent qu'en comparant particulièrement une surface avec d'autres surfaces on trouve des erreurs dans ces dernières.

Il ne faut pas s'effrayer de toutes ces comparaisons qui d'ailleurs sont indispensables, et qui du reste se feront facilement, naturellement, avec l'habitude qu'on acquerrera par l'exercice.

Direction.

Après avoir observé la POSITION, les PROPORTIONS, on remarque en même temps les DIRECTIONS, par exemple : la direction du sourcil et l'on reconnaît si l'extrémité gauche est plus haut ou plus bas que l'extrémité droite, et cela au moyen d'une *horizontale*, afin d'apprécier avec plus de justesse la direction déjà indiquée par la position des deux extrémités du sourcil.

Même observation pour la direction des paupières.

Puis l'on compare toutes les lignes, toutes les surfaces entre elles, afin de constater la différence qui peut exister entre leurs diverses directions.

Mouvement.

Enfin l'on considère le mouvement des contours. Pour mieux l'établir, on cherche à reconnaître les différents TEMPS, c'est-à-dire les *diverses fractions de ligne* présentant une direction nouvelle, lesquelles fractions de ligne composent le contour dans toute son étendue ; par exemple : si c'est une ligne droite qui forme le contour qu'on veut rendre, il est clair que cette ligne n'a qu'une direction, et il est dès lors facile de la reproduire ; mais si c'est une paupière, la ligne qui l'indique étant courbe et présentant dès lors une certaine difficulté, on doit chercher, en examinant le modèle, à la décomposer en autant de fractions de lignes droites ou à peu près droites que l'on en remarque dans tout le parcours de ce contour, et ces fractions de lignes se reconnaissent à la direction de chacune, car ce sont toutes les différentes directions de ligne qui réunies entre elles et à la suite les unes des autres forment la courbure de la ligne générale dont on cherche à imiter le mouvement. L'opération se réduit donc à RECONNAÎTRE et à COMPARER la *longueur* et la *direction des principales fractions de ligne*, dont on constate la présence dans la ligne courbe, tout en faisant continuellement attention au mouvement général de la totalité de la ligne.

Ce que nous disons ici pour le mouvement et la courbe des lignes a sa grande importance parce que cela s'applique au mouvement de tout contour, de toute ligne grande ou petite.

Et à ce sujet nous ferons remarquer l'utilité qu'il y a, lorsqu'on fait un *contour* QUELCONQUE, à le DÉCOMPOSER et à reconnaître LES DIFFÉRENTS TEMPS ou *lignes droites ou à peu près droites* qu'il comporte; en outre à comparer la *longueur* et la DIRECTION de chacun de ces TEMPS à la *longueur* et à la *direction* des autres *temps* du même contour pour en connaître la différence.

Cette observation est extrêmement importante et elle doit avoir lieu toutes les fois qu'on veut rendre le mouvement d'un contour quel qu'il soit.

Lorsque l'ébauche de l'œil est faite, qu'on en est satisfait, qu'on retrouve dans la copie le caractère général du modèle, on la modifie en repassant avec du crayon sur les lignes ébauchées au fusain en les traçant avec plus d'exactitude, puis aussi plus de netteté, comme il a été indiqué aux études précédentes. Cela s'appelle passer au trait.

En même temps on fait les petits détails, les petits mouvements que jusque-là on avait peu soignés, en y appliquant les mêmes raisonnements que pour les lignes et les surfaces.

Puis l'on achève son dessin en reconnaissant si tous les

principes ont été bien appliqués (position, proportions, direction, mouvement) et si la copie a la forme qui caractérise le modèle, si elle en présente bien l'aspect général.

Ensemble d'une tête.

Après avoir indiqué comment il faut procéder à la construction de l'ensemble d'une surface, étudions ce qui se rapporte à l'ensemble d'une tête.

Profil d'une tête.

Nous observerons qu'on doit commencer, comme étant un exercice plus facile, par le *profil d'une tête ; du haut du front* au *bas du menton.*

Or nous en avons étudié les principales parties : le nez, la bouche, le menton ; la même marche doit être suivie.

Établir la *longueur totale*, du haut du front au bas du menton ; indiquer la *largeur totale* du bas du menton à l'extrémité de la mâchoire, comparer la longueur à la largeur.

Tracer un contour, c'est-à-dire une ligne à peu près droite qui part du haut du front et aboutit au bas du menton, en donnant à cette ligne la direction et le mouvement que le modèle indique.

Établir sur cette ligne les divisions du profil, du haut

du front au haut du nez, puis au bas du nez, ensuite à la bouche, enfin au bas du menton.

Déterminer avec soin, par la comparaison, les différentes distances qui existent entre ces divisions, puis indiquer la place de l'œil.

Ensuite procéder comme nous l'avons exposé plus haut (pour le nez, la bouche, le menton) en traçant les lignes qui doivent donner la forme, d'abord simple, du front, de l'œil, du nez, de la bouche, du menton.

Exécuter ces différentes surfaces en reconnaissant la position, la distance, les proportions, les directions, les mouvements de chacune, et en outre en comparant entre elles les mêmes surfaces pour en apprécier la différence de position, de proportions, de direction, de mouvement.

Enfin, terminer en donnant plus d'exactitude aux divers contours en mettant l'accentuation nécessaire sur les lignes, et en remarquant si l'aspect général du profil en est semblable à celui du modèle, s'il en a la ressemblance et le caractère.

Après cette étude répétée plusieurs fois d'après des modèles différents, on fera la tête *entière* de profil.

Nous avons pensé que sans faire une étude spéciale de cette tête, et afin d'éviter des répétitions, nous n'avions qu'à indiquer le commencement de la marche à suivre, nous réservant plus loin, à propos de la tête de face, de lui donner plus de développements.

Nous venons d'indiquer sommairement la construction

d'un profil, nous n'avons que peu de chose à ajouter pour la construction de la tête entière.

Tête de profil.

Pour copier une tête entière, il faut, comme dans l'étude qui précède, établir la longueur, la largeur, le mouvement de l'*ensemble total*, par des bouts de ligne déterminant le *haut*, le *bas*, puis la *droite* et la *gauche* de la tête.

Ensuite, après avoir comparé la largeur à la longueur, il faut tracer *un ovale* ou enveloppe passant sur les bouts de ligne, lequel ovale doit représenter dans sa forme la plus simple le contour général de la tête.

Sur le contour de cet ovale, là où doit être le profil, il faut y placer les *divisions* de la tête qui sont le haut du front, le haut du nez, le bas du nez, la bouche, le menton, et bien reconnaître par la comparaison la différence de distance qui existe entre les divisions.

En outre, tracer sur les divisions et pour les relier entre elles, les *lignes* qui indiquent la forme du *front,* du *nez,* de l'*œil,* de la *bouche,* du *menton;* — dans cette opération procéder comme il a été enseigné pour les surfaces déjà étudiées, le nez, la bouche, le menton.

Indiquer la forme générale de la chevelure et les mouvements principaux du contour de la tête.

Enfin, poursuivre l'étude de la tête entière comme il a été expliqué pour le profil.

L'étude que nous allons faire de la tête de face, beaucoup plus difficile, mettra l'élève à même, lorsqu'il l'aura méditée, de faire avec plus de facilité une tête de profil. Pour mieux se rappeler la marche à suivre, nous allons y revenir encore une fois en ajoutant les modifications que cette étude comporte.

Tête de face.

Il faut en commençant et d'après ce qui a été dit précédemment, faire attention à l'ensemble de la tête, sans s'occuper des petits détails qu'on n'exécutera qu'à la fin, puis établir :

Longueur totale.— Largeur totale.— Mouvement général.

1° La *longueur totale*, au moyen de deux bouts de ligne, l'un déterminant le sommet de la tête, l'autre le bas du menton ;

2° La *largeur totale* de la gauche à la droite de la tête, également au moyen de deux bouts de ligne, et l'on compare la largeur à la longueur, afin d'en déterminer les proportions ;

3° Il faut alors s'occuper de former l'enveloppe de la tête en construisant simplement un ovale qui doit nécessairement passer par les points déjà établis au sommet de la tête, au bas du menton, à la gauche et à la droite de la tête, et qui en outre ait le *mouvement général* ou direction du modèle.

Cet ovale doit être plus large à sa partie supérieure qu'à sa partie inférieure, pour mieux figurer le contour de la tête.

En outre, cet ovale doit rendre suffisamment la forme de la tête sous le rapport de la *longueur,* de la *largeur* et du *mouvement,* et il faut bien le comparer, seulement sous ces divers aspects, au modèle et rectifier s'il y a lieu ;

4° En même temps on établit une ligne partant du sommet de la tête et aboutissant au menton. Cette ligne doit passer par le milieu du front, du nez, de la bouche, du menton, et doit être placée selon le mouvement général ou direction de la tête du modèle, afin d'indiquer avec l'ovale si la tête est penchée ou si elle est verticale.

5° Ensuite, on trace sur cette ligne la place des *divisions principales,* le *front,* les *yeux,* le *nez,* la *bouche,* le *menton,* au moyen de lignes horizontales si la tête est verticale, de lignes obliques si la tête est penchée.

Ainsi, on met une ligne pour indiquer la place du haut du front, puis une ligne pour indiquer la place des yeux, et on compare la *distance* qui existe entre cette dernière ligne et le sommet de la tête — à la *distance* qui existe de cette même ligne (celle des yeux), au bas du menton. Or, ces deux distances : celle des yeux au sommet de la tête, et celle des yeux au bas du menton, doivent être égales. — Puis, une autre ligne pour indiquer la place du bas du nez ; ensuite celle du milieu de la bouche ; celle du bas du menton déjà établie comme indication du bas de la longueur totale.

On trace toutes ces lignes en s'attachant à comparer la distance qui existe entre elles, point très-important, afin

6

de remarquer la différence qui peut se manifester entre ces diverses distances.

De plus, il faut qu'il y ait accord entre la longueur totale, qu'on a d'abord établie et représentant la longueur de la tête, et celle qu'on vient d'indiquer par ces divisions.

Nous répétons que la ligne qu'on a établie précédemment partant du sommet de la tête et aboutissant au menton et sur laquelle on a tracé les divisions, doit se trouver placée dans l'ovale de manière qu'elle indique le milieu du front, des yeux, du nez, de la bouche et du menton.

On peut donc se figurer sur le modèle une ligne fictive passant par ces divers points et on doit la reproduire au fusain sur son ovale en l'établissant par rapport à la gauche et à la droite de la tête, afin d'indiquer si la tête est de trois quarts ou de face.

Il faut en outre, si la tête est de trois quarts, observer avec soin les distances qui existent de cette ligne à la gauche et à la droite de la tête et comparer ces distances l'une à l'autre, afin que le petit côté de la tête ne soit ni trop grand ni trop petit pour l'autre côté.

Quant à la tête de face, les distances doivent être nécessairement égales, la ligne devant protéger la tête en deux parties semblables.

Proportions ordinaires de la tête.

Ajoutons qu'il est utile de savoir que, en règle générale (si la tête n'est ni baissée ni renversée), les yeux, à l'endroit du sourcil, occupent la moitié de la tête; le bas du nez occupe le milieu de l'espace compris entre les yeux et le bas du menton, et quant à la place de la bouche, l'on peut, après avoir partagé en trois parties égales l'espace qui sépare le bas du nez du bas du menton, prendre le premier tiers qui se trouve près du nez et établir à cet endroit la ligne qui indique le milieu de la bouche. Remarquons qu'il faut toujours se rappeler que les lignes des yeux, du bas du nez et de la bouche doivent être parallèles, lorsque la tête est de face; sachons de plus que dans ce dernier cas, il doit y avoir entre les deux yeux la longueur d'un œil.

Telles sont les proportions généralement reconnues comme étant celles que doit avoir une tête.

Bien que la connaissance de ces règles soit utile, néanmoins il est évident que c'est le modèle qui doit servir de guide et qu'il faut exercer son œil et son jugement à reconnaître, avec exactitude et par la comparaison, les distances qui séparent les diverses surfaces du modèle.

Après le travail que nous venons d'indiquer, on ébauche, d'une manière simple et sans donner une grande précision aux lignes, les mêmes surfaces principales dont on vient de déterminer la place; le front, les yeux, le nez, la bouche, les oreilles, etc., en ayant soin d'y appliquer les principes exposés plus haut à propos d'un nez, d'un œil. C'est donc rappeler qu'il faut : 1° lorsqu'on observe l'ensemble, comparer les surfaces entre elles sous le rapport de la position, de la distance, des proportions, de la direction, du mouvement, de l'aspect général ; 2° lorsqu'on s'occupe d'une surface seulement, comparer d'après les mêmes principes soit les lignes, soit les détails ou petites surfaces qui la constituent.

Position. — Proportions. — Direction. Mouvement 1° des yeux.

Ainsi supposant la tête droite et la position DES YEUX étant déjà établie en partie, par la ligne horizontale qu'on a tracée précédemment au milieu de la tête, on ébauche à grands traits la masse des yeux en reconnaissant d'abord *leur position* mutuelle et en remarquant la distance qui les sépare. Puis si c'est une tête de face, ayez le soin que les deux yeux soient aussi longs l'un que l'autre ; si la tête est de trois quarts, remarquez que l'œil du petit côté paraît moins grand que l'autre, parce qu'il est en perspective.

Cette ébauche se fait le plus largement possible et on y établit les grandes proportions, directions et mouvements de chaque œil.

2° Du nez.

On détermine ensuite la *position* DU NEZ par rapport aux yeux et on remarque la distance qui existe entre le haut du nez et les yeux ; on indique de même les grandes *propor-tions* (longueur et largeur du nez), toujours par des lignes très-simples. Or, la longueur du nez est déjà établie par la ligne qu'on a placée lorsqu'on a tracé les divisions, mais on vérifie de nouveau cette longueur ; on comparera aussi la longueur totale du nez à la longueur totale des yeux.

Il s'agit avant tout d'avoir l'aspect du nez comme posi-tion, longueur et largeur, en rapport avec les yeux ; en outre, pour déterminer mieux la position du nez, il faut établir sur le modèle une verticale à l'endroit du larmier, et voir si cette verticale passe sur l'aile du nez, ou à sa gauche ou à sa droite, et l'indiquer de même sur son dessin.

Si la tête est de face, répéter la même opération sur l'autre œil et reconnaître par la nouvelle verticale où doit être placée l'autre aile du nez.

Par l'application des deux verticales, partant des lar-miers, on a donc sur la copie la position des deux ailes du nez, ce qui indique en même temps la largeur du nez. Or, il faut que cette largeur déterminée par les deux ver-ticales soit conforme à la largeur déjà établie, et s'il y a erreur, on recherche si elle vient de la position des lar-miers ou de la largeur assignée primitivement au nez.

Enfin on remarque la *direction* du nez. Or, cette direc-tion est verticale, puisque nous supposons la tête droite.

Avant de terminer ce qui a rapport au nez, rappelons encore qu'il faut comparer les surfaces et les espaces entre eux, par exemple : *l'espace qui existe entre les yeux et le bas du nez* peut être comparé à *la largeur du nez*. Ensuite comparer *le même espace* avec une autre surface, avec la *longueur de l'œil*, je suppose, pour sentir également la différence de dimension qu'il y a entre eux.

C'est donc à l'élève à s'ingénier pour faire le plus de comparaisons qu'il peut. Nous ne pouvons tout dire ici, il serait trop long d'entrer dans tous les détails. Cependant, les observations que nous faisons, quoique trop répétées, trop développées peut-être, sont suffisantes pour indiquer à l'élève la marche qu'il faut suivre.

3° De la bouche.

Pour la BOUCHE il faut vérifier si la ligne qu'on y a placée comme division, est bien comme *position*, et si elle est à une distance exacte du bas du nez, ce qu'on reconnaît en comparant cette distance d'abord à celle du modèle, ensuite à la largeur du nez.

On détermine ensuite pour compléter la position de la bouche, *la place des deux coins de bouche* en considérant en même temps sa longueur totale, longueur qu'on compare à la largeur et à la longueur du nez, puis à la distance qu'il y a entre la bouche et le nez.

Maintenant, pour mieux indiquer la position des deux coins de bouche, par rapport au bas du nez, ce qui est très-important, on établit une verticale sur l'aile du nez du modèle, en remarquant la distance qu'il peut y avoir entre cette verticale et le coin de la bouche.

On fait la même opération sur son dessin et traçant une verticale sur l'aile du nez, on reporte à côté de cette verticale la distance remarquée sur le modèle entre la verticale et le coin de la bouche, ce qui détermine le point cherché.

On répète la même opération pour l'autre coin de bouche.

Par cette manière de procéder, la largeur du nez ayant déterminé la place des verticales, cette largeur, disons-nous, doit être exacte, afin que la longueur de la bouche le soit également; or, il faut qu'il y ait accord entre la longueur que le coup d'œil a assignée à la bouche, et la longueur fournie par l'écartement des verticales. Cela force l'élève à faire des recherches qui exercent son esprit et qui contribuent à améliorer son dessin.

L'emploi de ces divers moyens peut paraître d'abord un peu difficultueux, un peu ennuyeux, mais une fois qu'on s'y sera accoutumé, ils seront d'un secours bien efficace , et on s'en servira avec la plus grande facilité.

Ainsi la *position* et la *longueur* de la bouche indiquées, on établit en même temps la *largeur* totale, et par conséquent la *largeur* de chaque lèvre en les comparant l'une à l'autre, puis on compare aussi la longueur totale de la bouche avec sa largeur totale.

On indique alors les divers *mouvements* des lignes principales des lèvres, en tenant compte à la fois et de la *longueur* et de la *direction* de chacune, ce qui se fait en les comparant les uns avec les autres, tant sous le rapport de la longueur que sous celui de la direction et du mouvement.

4° Du creux du menton.— Du menton.— Des joues. Du front.

La bouche esquissée, on établit la CREUX qui existe entre la lèvre inférieure et le haut du menton.

Puis la longueur et la largeur du MENTON, la longueur étant d'ailleurs déjà établie par la ligne placée précédemment au bas de la tête. Puis le contour du menton, le contour des JOUES, en même temps que les OREILLES, le FRONT, la CHEVELURE et enfin le CONTOUR de la tête, déjà indiqué en partie par l'ovale.

Il est évident qu'on peut intervertir en une certaine mesure l'ordre adopté dans cette marche, et que par exemple : on peut ébaucher les oreilles avant le contour des joues, etc.

5° Des oreilles.

On établit ces dernières surfaces, les OREILLES, au moyen des mêmes principes, des mêmes procédés, par exemple : pour reconnaître la *position* des oreilles, on place sur le modèle des horizontales, au haut et au bas de chaque oreille, et poursuivant chaque horizontale du côté des yeux et du nez, on remarque les *endroits précis* où les lignes passent, tant sur les yeux (ou au-dessus) que sur le nez. On a donc le soin de tracer sur son dessin des lignes horizontales aux *mêmes endroits* des yeux et du nez, et une fois les lignes horizontales établies et prolongées, on place nécessairement le haut et le bas de l'oreille sur les deux lignes. Puis on forme l'enveloppe de l'oreille et on observe la distance qui sépare l'oreille de l'œil et du nez. On a ainsi la position juste d'une oreille.

Nous disons qu'on a la position juste : en effet, si sur le modèle on figure des lignes horizontales touchant le haut et le bas de l'oreille et en même temps certains points de l'œil et du nez, et si sur son dessin les mêmes lignes touchent les mêmes points, ainsi que le haut et bas de l'oreille, il est évident que l'oreille ne sera ni trop haut ni trop bas par rapport aux yeux et au nez, et que la position de l'oreille sera complétée, si sa distance à l'œil et au nez est juste.

Ajoutons que la longueur de l'oreille doit être, *comme coup d'œil*, d'accord avec la longueur fournie par les horizontales, et qu'elle doit être en proportion avec la largeur qu'on établit aussitôt. Qu'en outre on doit en comparer les dimensions, soit par ex. : avec celles du front et celles du nez, et réciproquement, soit avec celles de toute autre surface ; qu'enfin on doit imprimer aux diverses lignes qui constituent l'oreille, le mouvement qui est indiqué par le modèle.

Chevelure.

Quant à la chevelure, après en avoir déterminé l'enveloppe générale, on recherche sur le modèle les principales divisions, c'est-à-dire celles qui sont le plus visibles à

l'œil et formant des masses de cheveux dont on reconnaît
la séparation par les lignes plus accentuées qui en forment
le contour. Ces divisions sont le plus souvent constituées
par la réunion de plusieurs mèches moins apparentes;
établissant dès lors l'enveloppe de chacune de ces grandes
divisions, on peut trouver plus tard avec plus de facilité
lés détails, c'est-à-dire les mèches qui y sont contenues en
leur appliquant toujours les mêmes principes.

Aspect général.

La longueur, la largeur, le mouvement de la tête établies,
les position, proportions, directions, mouvements des
surfaces ébauchées, l'on doit chercher surtout à reconnaître, comme on a dû le faire souvent en exécutant le
travail, si tout concourt à donner à chacune des surfaces
et à l'ensemble de son dessin *l'aspect général du modèle.*

L'ébauche étant faite, on termine en faisant les détails
non encore établis :

En donnant aux contours un mouvement plus juste, plus
précis, en cherchant avec exactitude la courbe des lignes.

En les épurant et en les accusant plus ou moins, afin
d'indiquer les parties vigoureuses qui sont dans le trait du
modèle.

Enfin, en comparant de nouveau les différentes parties
et l'ensemble de la copie à l'original et en remarquant si

le caractère, si l'expression, si la ressemblance ont bien
le degré de justesse qui leur est indispensable pour terminer son dessin.

Or, nous devons insister sur une remarque très-importante, c'est qu'il faut toujours se rappeler que les *principes*
qu'on applique aux différentes surfaces et à l'ensemble,
ne doivent être envisagés que comme des MOYENS qui servent
surtout à rendre le *caractère*, la *ressemblance* du modèle.
Il est donc indispensable, lorsqu'on exécute *chaque surface*
de même que lorsqu'on envisage la *réunion de toutes les
surfaces*, d'avoir la pensée, la volonté de leur imprimer le
CARACTÈRE, l'ASPECT que manifeste la forme qu'on doit représenter.

Cette observation doit être faite continuellement et s'appliquer à tout ce qu'on dessine.

Proportions de l'académie.

Il est utile de connaître les proportions du corps humain, et nous exposons comme bases des proportions d'une académie, celles qui sont généralement adoptées par les grands maîtres anciens et modernes, et qui nous sont transmises par les *antiques,* ces chefs-d'œuvre de l'art. Nous n'indiquerons seulement que les principales proportions.

La longueur totale de l'académie comprend sept têtes et demie depuis le sommet de la tête jusqu'au bas du talon. (Certains artistes l'ont portée à huit.)

L'ensemble se divise en deux parties ordinairement égales : la première, du sommet de la tête au bas du torse; la seconde, de cet endroit au bas du talon.

Les jambes se divisent en deux parties égales : la première, du milieu de la rotule jusqu'au haut de la crête de l'os des îles; la seconde, du milieu de la rotule au bas du talon. En outre, cette dernière longueur du bas du talon au milieu de la rotule doit être la même (quoique un peu plus courte) que du bas du torse aux clavicules.

La longueur du pied, vue de profil, doit être contenue deux fois, du bas du talon au milieu de la rotule.

Il serait également très-utile, surtout pour les élèves qui ont plus de temps à eux et qui veulent pousser leurs études assez loin, de connaître les formes du Squelette et celles de l'Écorché, ainsi que le nom des os et des muscles.

On peut se procurer chez les marchands d'estampes des feuilles qui représentent le Squelette et l'Écorché, avec les noms des os et des muscles qui sont indiqués en marge.

Académie.

Pour établir ce nouvel ensemble, nous allons nous servir de la même marche, employer les mêmes procédés, appliquer les mêmes principes, les mêmes raisonnements que sur les études précédentes.

Longueur totale.

Ainsi, pour commencer à dessiner une académie, on doit d'abord établir, comme on l'a prescrit pour la tête, des lignes très-simples et s'habituer à supprimer par la pensée les petits mouvements des lignes et les petits détails qu'on remarque sur le modèle. C'est avec ces premières lignes qu'il faut tracer l'enveloppe, la charpente de son dessin et observer en premier lieu la *longueur totale* qu'on doit lui donner, longueur qu'on indiquera au moyen de deux bouts de ligne, l'une à l'endroit où l'on veut placer le sommet de la tête, l'autre où l'on veut placer l'extrémité des pieds.

Divisions.

Puis on établira également avec des bouts de ligne les *divisions* principales qui sont dans cette *longueur totale*, en ayant bien soin de comparer la longueur de chaque division avec la longueur des autres pour reconnaître la différence qui peut exister entre elles, afin que leurs proportions soient justes. Si l'académie est droite, on peut tracer une grande ligne qui joint les deux bouts de ligne indiquant la longueur totale et déterminer sur cette ligne la place des divisions.

Ces divisions ou grandes surfaces sont la *tête*, le *cou*, le *torse*, les *jambes*, les *bras*. (On peut alors indiquer, entre les deux bouts de ligne déjà établis, une nouvelle ligne pour déterminer le bas du torse, cette ligne partageant la longueur totale en deux parties égales.)

Puis, à partir du sommet de la tête, on tracera une autre ligne pour indiquer le bas du menton et par là déterminer la longueur de la tête, c'est-à-dire la première division ; puis on placera un autre bout de ligne au bas du cou pour en indiquer la longueur, le cou pouvant être considéré comme une nouvelle division ; puis on déterminera la longueur du torse à partir du bas du cou jusqu'à la ligne qu'on a déjà déjà établie pour indiquer la fin du torse ; puis la longueur des jambes, du bas du torse à la rotule, de la rotule au bas du talon.

De cette manière, la longueur totale qu'on a donnée à l'académie est contrôlée par la réunion des différentes divisions qu'on vient d'établir, et s'il y a lieu, on rectifie.

Largeur totale. — Mouvement général.

Lorsqu'on a indiqué la place et, par conséquent, la longueur des *divisions* de l'académie, on détermine la *lar-*

geur totale et le *mouvement général* en établissant l'enveloppe des grandes surfaces d'après l'indication des divisions.

Ainsi on établira la *largeur* de la tête dont on a déjà la
longueur par la première division; et on en formera seulement l'enveloppe ou ovale, comme il a été dit à l'étude de
la tête; puis on déterminera la largeur du cou dont la longueur est également indiquée, et on tracera des lignes à
gauche et à droite pour en former l'enveloppe; puis la largeur du torse dont on a déjà la longueur, et cela au moyen
de lignes représentant le haut, les côtés et le bas du torse.
De même pour les jambes et pour les bras.

On, en établissant ces différentes surfaces, on aura bien
le soin d'en reconnaître la *position*, les *proportions*, la *direction*, le *mouvement*, de manière que toutes ensemble
concourent à établir, malgré la simplicité des lignes et
l'absence des petits détails, la *longueur* totale, la *largeur*
totale, le *mouvement* général de l'académie, afin que l'aspect général de la copie (en tant qu'ébauche) ait l'aspect
général du modèle.

Ajoutons que tout en indiquant les contours extérieurs
de chaque grande surface, il faut déterminer la *place* des
formes importantes qui se trouvent dans chacune de ces surfaces; ainsi le *bas et le milieu des pectoraux*, les *mamelons*,
le *nombril*, pour le torse; la rotule, pour la jambe, etc.

Position.

C'est en faisant cette étude qu'il faut observer avec la

plus sérieuse attention la place, la *position* que doivent occuper les différentes parties principales de l'académie, afin qu'une grande surface quelconque ne soit ni trop haut, ni trop bas, ni trop à gauche, ni trop à droite, par rapport à celles qui l'environnent.

Par exemple : en faisant le torse, il faudra regarder sa position relativement à la tête; de même, les bras et les jambes devront être placés en remarquant la position qu'ils occupent sur le modèle par rapport à la tête et par rapport au torse.

C'est ici le cas d'appliquer les verticales et les horizontales; par exemple, on fait partir une verticale d'un point quelconque et bien visible de la tête du modèle et allant jusqu'au bas de l'académie; on reconnaît les points remarquables du torse touchés par cette verticale, on reconnaît, en outre, si cette verticale passe sur la jambe et sur le pied, et on en remarque la place d'une manière précise, ou bien on reconnaît si le bas de cette verticale est éloigné (ce qui peut avoir lieu) soit du genou (la rotule), soit du pied, et de combien elle est éloignée.

Or l'élève comprend qu'il doit répéter la même verticale sur son dessin en l'appliquant au fusain sur un certain point de la tête, le même que celui qu'on a choisi sur le modèle, afin que cette verticale, qui est prolongée jusqu'au bas de sa copie, passe exactement, comme sur le modèle, sur les mêmes points du torse, de la jambe et du pied, ou en soit éloignée de la même distance que celle qu'on remarque sur l'original.

Si l'on avait oublié dans le premier travail de l'ébauche d'établir cette perpendiculaire, il faudrait le faire ensuite pour vérifier ce qu'on a fait. Donc, si la verticale, une fois établie, sur le modèle et sur sa copie, ne passe pas positivement aux mêmes endroits, on modifie nécessairement son travail jusqu'à ce que la verticale tracée sur sa copie soit touchée par les contours qu'on rectifie et qu'on établit exactement aux mêmes points que ceux indiqués par le modèle.

De même, on applique une horizontale ; par exemple, sur le haut de l'épaule gauche du modèle, et l'on remarque si l'épaule droite est plus haute ou plus basse, et de combien ; on fait nécessairement la même opération sur son dessin.

De même, on élève une verticale sur le côté du torse (cette verticale étant prolongée vers le haut), pour reconnaître sa position relativement à la tête, en remarquant la distance qu'il y a de la verticale à la tête.

De même, une horizontale sur le mamelon gauche pour remarquer si le mamelon droit est plus haut ou plus bas, et de combien.

De même encore, une horizontale pour savoir si tel ou tel point d'un contour, soit du torse, soit du bras, soit de la jambe, etc., est plus haut ou plus bas que le point qui lui correspond sur l'autre contour et qui est placé à peu près à la même hauteur.

Idem pour les bras auxquels on applique soit des verticales, soit des horizontales, pour reconnaître la position

7

de quelques-unes de ses parties principales (le coude, les mains), par rapport au torse ou par rapport à la tête (si le bras est levé), etc., etc.

C'est à l'élève à établir ces lignes ,qui sont un guide si précieux, le plus qu'il pourra, et à reconnaître de lui-même les endroits dont il doit remarquer la position relativement à d'autres endroits.

En résumé, il faudra établir les grandes surfaces de l'académie en faisant attention à ce que la position de chacune ne soit déterminée que d'après la position des autres.

En dessinant une partie quelconque, il faut toujours se rappeler qu'on ne doit la considérer et l'exécuter que par rapport aux autres parties qu'il faut sans cesse envisager en même temps que celle dont on s'occupe spécialement.

Proportions.

Et il en est de même de la longueur et de la largeur, c'est-à-dire des proportions de chaque grande surface ; car une surface, tout en étant étudiée pour elle-même, de manière que sa longueur soit bien proportionnée à sa largeur, ne doit être établie qu'en observant les proportions des autres surfaces, afin qu'il y ait entre elles toutes l'exactitude de dimension qu'on remarque sur le modèle.

Par exemple, quand on fait le torse, comparer les dimensions du torse à celles de la tête ; quand on fait les jambes, comparer leurs dimensions à celles du torse et à

celles de la tête ; quand on fait les bras, même comparaison
entre leurs dimensions et celles de la tête, du torse et des
jambes.

Direction. — Mouvement.

Et il en est de même aussi pour les diverses directions
et mouvements de ces grandes surfaces qu'on ne doit indiquer qu'en les comparant sur l'original les unes avec les
autres, pour en saisir la différence ou la ressemblance et
reporter cette différence ou cette ressemblance sur sa
copie.

Ainsi comparer la direction et le mouvement du *torse* à
la direction et au mouvement de la tête, et *vice versâ*.

Comparer la direction et le mouvement des *jambes* à
ceux du torse, de la tête et des bras.

Mêmes raisonnements pour les *bras*.

Or, il faut surtout, lorsqu'on en est à reconnaître la direction des lignes et des surfaces, appliquer des verticales et
des horizontales (comme pour la position).

Par exemple : on applique une verticale sur le haut du
bras (supposant qu'il soit incliné), afin de determiner sa
direction.

De même pour les côtés du torse, de même pour les
cuisses, par ex. : on place sur le modèle une verticale au
haut de la cuisse et on reconnaît la distance qu'il y a du
bas de la cuisse à la verticale. On répète donc la même

opération sur son dessin, on trace une verticale au haut de la cuisse et on établit la même distance qu'on vient de remarquer sur le modèle au moyen d'un point qu'on met à côté de la verticale et qui indique cette distance, puis, joignant par une ligne le haut de la cuisse au point, l'on a ainsi une nouvelle ligne qui est dans la direction de celle du modèle.

Tout en déterminant la direction des lignes, on en considère les mouvements principaux, soit comme courbure, soit comme méplats, de manière que le galbe qui apparaît dans les lignes du modèle soit reproduit sur sa copie, et que le mouvement d'une ligne coïncide avec le mouvement des autres, afin que la tournure générale de l'ensemble soit semblable à celle du modèle.

Répétons qu'en ébauchant une grande surface, il faut y indiquer en même temps et sous une forme extrêmement simple les divisions les plus importantes qui peuvent y être contenues, et qui aident elles-mêmes à la construction de cette grande surface, tout en se rappelant que dans le commencement de l'ébauche il ne faut considérer que les grandes lignes, les grandes masses, les grands mouvements et, comme nous l'avons dit, laisser de côté les petits détails.

Il en est de même pour les détails des pieds et des mains.

Ainsi, lorsqu'on fait un pied (après en avoir indiqué les formes principales au moyen de la position, des proportions, etc., en rapport avec celles de la jambe), il ne faut pas s'attacher à dessiner les doigts qui, à ce moment, doivent être envisagés comme des détails, mais seulement n'observer que la forme générale de la surface, c'est-à-dire de l'*enveloppe* dans laquelle sont renfermés les doigts, enveloppe qui sur le modèle entoure ou semble entourer les doigts. On trace donc cette enveloppe sur son dessin par des lignes : l'une indiquant l'extrémité supérieure, l'autre l'extrémité inférieure des doigts, et deux autres sur les côtés, de manière à représenter à l'œil une surface simple dont on peut alors reconnaître plus aisément la *position, les proportions,* la *direction* et le *mouvement,* par rapport au pied auquel appartient cette surface (plus tard on dessine les doigts.)

Il en est de même pour la main ; après avoir établi l'ébauche de l'enveloppe des doigts, on trace des lignes qui indiquent la *place* et la *direction* des têtes d'os et des phalanges principales, comme si sur le modèle les mêmes lignes étaient établies. De cette manière la pensée n'étant pas attachée sur chacun des détails (les doigts), embrasse mieux l'enveloppe dans laquelle ils sont renfermés et en détermine tout d'abord la forme avec plus de justesse.

Lorsque plus tard on dessinera les doigts, ils ne devront eux-mêmes être considérés que comme des surfaces, et on y appliquera nécessairement les mêmes raisonnements que pour toute autre surface.

Avant de quitter l'ébauche de l'académie, rappelons en peu de lignes quelques observations générales.

Il est de la plus grande utilité lorsqu'on fait l'ensemble, d'observer les mouvements principaux du *contour général* de l'enveloppe du modèle, de saisir la *place* des parties les *plus saillantes* ou les plus *rentrantes*, de celles qui sont le plus galbées, et de les indiquer sur sa copie comme étant des points remarquables, auxquels on compare la position et la forme des autres lignes.

Ces divers aspects s'obtiennent par le même procédé en déterminant la distance qui existe entre eux et leur position mutuelle par des verticales et des horizontales.

Il faut en outre (remarque essentielle) et lorsqu'on rectifie les contours, reconnaître les différents *temps* ou lignes droites ou à peu près droites, qui constituent un contour; puis, saisir et comparer la *longueur* et la *direction* de ces différents temps.

Autre observation sur laquelle nous insistons : il faut avoir sans cesse dans l'esprit la volonté de comparer la partie qu'on exécute, d'abord à celle de l'original, mais il faut en outre comparer cette partie en l'observant dans la totalité de l'ensemble, afin qu'elle soit comme position, comme proportions, comme direction, comme mouvement, dans les mêmes rapports que ceux qui existent sur le modèle entre cette même partie et celles qui l'environnent.

C'est comme développement de ce qui précède que nous ne craignons pas en terminant cet exposé d'appeler de nouveau l'attention de l'élève sur ce fait capital, qu'on doit envisager souvent *l'aspect général* de l'académie, de telle sorte que pendant le travail, la longueur totale, la largeur totale, le mouvement général, ainsi que les positions, proportions, direction, mouvement des divisions principales soient l'effet D'UNE SEULE ET MÊME PRÉOCCUPATION.

Cette marche a d'ailleurs une certaine importance en ce qu'elle conduit le dessinateur à s'habituer petit à petit à *embrasser un tout, en même temps que les diverses parties qui le constituent*; ce qui peut avoir une influence très-salutaire sur l'esprit de l'élève, même pour des questions qui sont en dehors du dessin.

L'ébauche, c'est la construction avancée mais non achevée du dessin que l'on imite; ainsi, lorsque l'ébauche est faite, les proportions, ainsi que le mouvement et la forme générale de l'académie, doivent être établis et c'est un grand point parce qu'on marche ensuite avec plus de certitude vers l'achèvement de sa copie.

C'est alors qu'on commence à chercher, au moyen des mêmes principes, les détails qu'on avait jusque-là laissés de côté : ceux de la tête (en suivant la même méthode que celle déjà exposée à l'étude de la tête), ceux des mains, des pieds, etc.

On donne ensuite plus de précision aux différentes parties de son dessin.

On s'applique à accentuer d'une manière rigoureuse les lignes principales et particulières de l'ensemble, des différentes surfaces et des petits détails, en donnant à chacune leur physionomie propre, en mettant de la force sur les plus vigoureuses pour indiquer le côté de l'ombre et en appuyant peu sur les plus faibles pour indiquer le côté de la lumière.

Enfin l'on termine en remarquant de nouveau : 1° si l'ensemble, 2° si les surfaces, 3° si les petits détails sont la reproduction exacte de l'académie qu'on copie et s'ils ont bien la *position*, les *proportions*, la *direction*, le *mouvement*, la TOURNURE, le CARACTÈRE, l'HARMONIE, l'ASPECT GÉNÉRAL du modèle.

OMBRE

**D'une surface, l'œil ; — d'un ensemble, la tête,
l'académie.**

Expliquons avant tout et en quelques mots les procédés
par lesquels on doit ombrer.

On peut ombrer avec du crayon au moyen de hachures
ou avec une estompe en étalant du noir.

Pour ombrer au crayon, il faut avoir du crayon de Comté
n° 1 et n° 2 ; on se sert surtout du n° 1 qui est moins ten-
dre ; on le taille ni trop fin ni trop gros et on achève de
l'user en le passant sur du papier, afin que, lorsqu'on veut
ombrer, il produise une hachure à peu près de la largeur
de celles indiquées sur le modèle.

On s'exerce alors par une étude préparatoire à faire des
hachures, de manière qu'elles soient à égale distance les
unes des autres et pas plus appuyées dans un endroit que
dans un autre ; c'est le moyen de faire une teinte égale.

En outre et pour faire plus vigoureux, on passe de nouvelles hachures sur cette première teinte, de façon à ce que
ces dernières hachures forment avec les premières des lo-
sanges et non des carrés, ce qui produit dans ce dernier
cas un mauvais effet à la vue.

Il faut éviter que les hachures ne forment comme une
espèce de grillage, ce qui est désagréable. Ce résultat pro-

vient de ce qu'elles sont trop appuyées et sans liaison entre elles ; on obvie à cet inconvénient lorsqu'il a lieu, en étalant sur toute la teinte où cet effet se manifeste un gréné, ce qui se fait en promenant légèrement son crayon un peu couché sur les hachures déjà faites ; dans certains cas, avec un crayon fin, on passe sur les blancs laissés entre les hachures, afin d'étendre ces blancs.

On recommence ces exercices plusieurs fois en faisant d'abord des teintes plates, puis des teintes dégradées, ce qui s'obtient en affaiblissant les hachures d'un certain côté, afin qu'il y ait graduation dans l'ombre.

Il arrivera souvent dans les commencements que, n'étant pas bien familiarisé avec la manière d'ombrer, des taches blanches ou noires, grandes ou petites paraîtront dans le dessin. Le remède sera de remettre un peu d'ombre sur les taches blanches, et quant aux taches noires, de les enlever en appuyant un peu dessus et à plusieurs reprises, si cela est nécessaire, avec une boulette de mie de pain rassie.

Pour ce qui concerne l'estompe, on étale de la sauce (crayon Lemoine n° 3) sur un bout de papier ; on passe l'extrémité de l'estompe dessus pour enlever du noir, et l'on frotte cette estompe sur son garde-main (papier qu'on place sous sa main pour préserver son dessin), afin de reconnaître s'il y a trop ou trop peu de noir, relativement à ce qu'on veut ombrer ; ensuite on ombre en appuyant peu ; lorsque l'ombre à l'estompe est faite, on peut revenir sur les en-

droits qui ont besoin d'une plus grande vigueur et les accentuer avec du crayon.

Quant aux taches, même moyen d'y remédier que celui
pour le crayon.

On peut se servir aussi de tortillons (petites estompes)
pour les détails.

On se sert d'estompes de papier et d'estompes de peau
même pour ombrer, d'estompes de peau blanche pour enlever un peu les noirs s'ils sont trop forts.

Ensemble d'une surface ombrée. — Œil de face.

Le trait de l'œil étant dessiné d'après la marche indiquée plus haut (V. le trait de l'œil), on peut alors commencer l'ombre parce qu'on est sûr que la FORME est juste; car si l'on ombrait sur un trait qui ne fût pas exact et qu'on reconnût plus tard des erreurs, il faudrait, pour les rectifier, non-seulement effacer le trait, mais effacer l'ombre ; il vaut donc bien mieux ne commencer l'ombre que lorsqu'on est certain de son trait (1).

Préparation.

Le premier soin qu'on doit avoir lorsqu'on va ombrer, est de remarquer et de saisir l'aspect et la forme des parties les plus importantes et les plus *accentuées* de l'ombre qui sont sur le modèle.

Puis on commence son dessin par une faible teinte plate qu'on établit dans les endroits où les ombres doivent être *accentuées*. C'est une préparation qu'on exécute tout d'abord, afin de reproduire plus facilement la *forme* et la *place* des ombres les plus fortes.

---

(1) Nous rappelons qu'il n'est nécessaire d'ombrer que lorsqu'on s'est exercé à faire *le trait* des surfaces et des têtes, et jusqu'à ce qu'on soit devenu d'une certaine force dans cette étude.

Dans un œil, les endroits les plus accentués, sont généralement la *prunelle*, le *sourcil*, l'épaisseur de la paupière supérieure et l'ombre qui se trouve, nous le supposons, entre le sourcil et la paupière, près du larmier, etc.

On ombre donc légèrement la prunelle, le sourcil, l'épaisseur de la paupière supérieure. Quant à l'ombre qui est entre le sourcil et la paupière, on doit, avant la préparation, s'attacher à en indiquer la forme.

Ainsi, lorsqu'on n'a pas encore une grande habitude de l'ombre, on établit d'abord, au *moyen d'un contour*, la forme accentuée que présente le modèle. On trace donc sur son dessin un trait peu visible pour indiquer le contour de l'ombre et on le fait en y appliquant nécessairement les principes qui ont rapport au trait des surfaces, c'est-à-dire que l'on devra remarquer la *position*, les *proportions*, la *direction*, le *mouvement* de l'ombre qu'on veut représenter, car il faut considérer cette ombre comme une surface (espace limité par des lignes). Or, bien qu'il n'y ait pas sur le modèle de lignes tracées autour de l'ombre, néanmoins, en l'observant avec attention, on se figure le contour qui d'ailleurs semble apparaître sur le modèle, juste à la *séparation* des teintes plus faibles qui environnent l'ombre ; dès lors on peut le reproduire sur son dessin et comme nous l'avons dit, au moyen d'un trait peu visible.

L'on indique ainsi, par exemple : la *forme* de l'ombre qui est entre le sourcil et la paupière supérieure du côté du larmier, et l'on passe une teinte legère sur toute cette surface dont on vient de dessiner le contour, cette teinte ayant pour but, ne l'oublions pas, de représenter l'aspect de l'ombre, quant à sa *forme* seulement.

Il faut donc faire la même opération pour toutes les parties très-accentuées qu'on remarque sur le modèle, c'est-à-dire les ombrer un peu après en avoir établi légèrement le contour qui, plus tard, devra disparaître lorsqu'on ombrera tout à fait.

Ce qu'on recherche dans ce travail, c'est d'établir la *préparation* des ombres principales pour en obtenir la position et le caractère sous le rapport de la forme.

Si l'on n'est pas satisfait de cette préparation, si elle ne rend pas l'aspect général du modèle, quant à la forme de l'ombre, on la rectifie, puis on commence à attaquer l'ébauche définitive des teintes en se rappelant les *principes* que nous avons exposés et qui constituent la forme, l'EFFET et le MODELÉ.

Prenons comme premier exemple, l'espace qui est entre le sourcil et la paupière supérieure.

Après avoir donné plus de vigueur à la prunelle, au sourcil, on embrasse l'espace dont nous venons de parler qui est entre le sourcil et l'œil, et on modèle cette forme en faisant toujours attention à l'aspect : 1° de l'ombre ; 2° de la demi-teinte ; 3° du clair, de manière que les trois teintes réunies concourent à rendre l'aspect du modèle.

L'on établit ainsi, d'abord la force de l'ombre, puis la demi-teinte qui est à côté et qui se lie à elle, et on arrive au clair.

Or, en faisant ces diverses teintes, il faut manifester la FORME et reconnaître sur le modèle, la différence de *position*, de *proportions*, de *direction*, de *mouvement* de l'ombre, de la demi-teinte et du clair, et en tenir compte sur son dessin.

Puis il faut penser à rendre l'EFFET en mettant le degré de vigueur ou de clarté fort ou faible de l'ombre, de la demi-teinte et du clair.

On compare donc nécessairement la force de la demi-teinte à la force de l'ombre qui est à côté, on en reconnaît la différence sur le modèle et on l'établit sur son dessin.

On compare de même la demi-teinte ainsi que l'ombre à l'intensité plus ou moins vide du clair, afin de compléter l'effet que présente le modèle.

En outre, on cherche, au point de vue du MODELÉ, à rendre les saillies, les méplats, etc., qui constituent l'aspect de la partie dont nous nous occupons.

En procédant de cette manière, on a ombré l'espace qui se trouve entre le sourcil et l'œil, en tenant compte de la *forme*, de l'*effet* et du *modelé ;* les trois points capitaux.

Ces détails d'observation pourront paraître minutieux, cependant on ne peut s'y soustraire, et avec un peu de réflexion on doit reconnaître que pour bien rendre ce qu'on copie, il faut absolument suivre cette marche pour la *forme*, pour l'*effet* et pour le *modelé*.

Car, supposez que vous fassiez la demi-teinte *trop à droite* (ou trop bas, ou trop haut, etc.), relativement à l'ombre ou au clair, pensez-vous que vous aurez reproduit le modèle ? Croyez-vous qu'il soit indifférent d'indiquer avec justesse la *position* de cette demi-teinte ? et ce que nous disons ici pour la position, nous le répétons pour les *proportions*. Est-ce qu'il ne vous semble pas que si la demi-teinte est *trop grande* ou *trop petite* relativement à l'ombre ou au clair, il y aura nécessairement une faute qui changera le caractère de la forme ? que par conséquent elle ne ressemblera pas au modèle et qu'elle y ressemblera d'autant moins que les fautes de ce genre seront multipliées.

Il est évident que ces observations relatives à la demi-teinte s'appliquent également à l'ombre comme aussi au clair.

Eh bien ! s'il est indispensable de faire attention à la *position*, aux *proportions* de l'ombre, à la *position*, aux *proportions* de la demi-teinte, à la *position*, aux *proportions* du clair ;

Il est de même, indispensable de faire attention à leur *direction*, à leur *mouvement* ; et dès lors la forme sera déterminée.

Mais tout en déterminant la FORME, il faut aussi déterminer l'EFFET, et l'on doit faire attention nécessairement à la force ou à la faiblesse, c'est-à-dire à l'*intensité*, soit de la demi-teinte, soit de l'ombre, soit du clair ? intensité que l'on ne peut établir qu'en la comparant à l'intensité des autres teintes, afin que l'EFFET soit manifesté, et pour qu'il y ait dès lors entre l'ombre, la demi-teinte et le clair, le même rapport que celui qui, sur le modèle, existe entre ces mêmes teintes?

Car si la demi-teinte est trop forte ou trop faible :

Si le clair est trop vif ou ne l'est pas assez ;

Si l'ombre est trop vigoureuse ou trop pâle ;

Relativement aux deux autres teintes, l'effet ne sera plus le même.

D'après ce qui vient d'être dit, on est donc convaincu de la nécessité d'observer la FORME en même temps que l'EFFET.

Quant au MODELÉ, comme il consiste à exprimer les plans et la structure plus ou moins plate, plus ou moins arrondie, plus ou moins saillante de la partie qu'on exécute, il faut, dans cette étude, faire également les mêmes remarques relatives à l'effet et à la forme, et sentir la force ou la faiblesse, ou la gradation qu'on doit manifester, soit sur chaque teinte, soit dans leur ensemble, en même temps qu'on reconnaît la position, les proportions, la direction et les plus petits mouvements de chacune. — En faisant cette étude, on doit avoir surtout pour but d'exprimer le *caractère* de la partie qu'on exécute sous le rapport du MODELÉ.

Nous venons d'étudier la partie qui se trouve entre le sourcil et l'œil.

Prenons pour deuxième exemple la *paupière supérieure* comme suite au précédent travail.

La préparation de l'*épaisseur* de la paupière supérieure
étant déjà faite, on revient sur cette préparation et on lui
donne plus de force, résultat qu'on aurait pu atteindre tout
d'abord, lorsqu'on a indiqué avec plus de vigueur l'ombre
de la prunelle, du sourcil, etc.

Puis on établit les teintes qui modèlent toute la paupière.

Ainsi, on remarque du côté du larmier la *dimension de
l'ombre* peu accentuée (nous le supposons) qui se trouve
au commencement de la paupière supérieure ; puis la *dimension de la demi-teinte* qui se lie à cette ombre, puis la
dimension du clair qui se lie à la demi-teinte, enfin la *dimension de la légère demi-teinte* qui peut se trouver à
l'extrémité de la paupière, de manière que l'ombre, la
demi-teinte, le clair et la petite demi-teinte complètent
ensemble la longueur et la largeur de la paupière supérieure ; puis l'on compare sous le rapport de la FORME ces
différentes dimensions entre elles.

En même temps, on observe, quant à l'EFFET, l'intensité
ou la valeur de chacune de ces teintes, et on les compare
l'une à l'autre, afin d'en remarquer la différence pour l'établir sur son dessin.

On observe de plus la graduation de toutes ces teintes.

On saisit, en outre, le caractère du MODELÉ pour établir
les plans, les méplats, les parties arrondies que le modèle
peut présenter.

Enfin, l'on cherche à reconnaître si l'*aspect général* de
la paupière supérieure est bien semblable à celui qu'on

veut rendre, en remarquant aussi, point important, les rapports qui existent ENTRE la *paupière* qu'on exécute et l'*espace* supérieur qu'on a déjà étudié; c'est-à-dire qu'on remarque si l'ombre, la demi-teinte et le clair de la paupière correspondent comme FORME, comme EFFET, comme MODELÉ, à l'ombre, à la demi-teinte et au clair qui constituent l'espace dont nous venons de parler entre la paupière supérieure et le sourcil.

La manière de procéder pour ombrer la paupière et cet espace est donc, comme on le voit, absolument la même, et c'est ainsi qu'il faut comprendre le travail de l'ombre pour toutes les surfaces, en faisant continuellement attention à la FORME, à l'INTENSITÉ et au MODELÉ comparés de toutes les teintes d'une surface, puis en comparant les surfaces entre elles comme FORME, comme EFFET, comme MODELÉ.

Même marche pour le sourcil;

Pour la prunelle;

Pour le blanc de l'œil;

Pour la paupière inférieure;

Pour les teintes qui se trouvent au-dessous de cette paupière.

Comme la pupille est le point le plus noir de l'œil, il faut comparer toutes les ombres soit à ce point, soit à l'un des plus vigoureux du modèle, afin que la graduation qui se fait sentir sur le modèle se manifeste également sur sa copie. Il en est de même pour les clairs les plus vifs auxquels on compare les autres teintes claires.

Ajoutons, avant de terminer, que pendant le travail on s'arrête de temps en temps pour observer l'aspect général de tout ce qu'on a exécuté, afin de le comparer au modèle.

Il en est de même pour *finir*. Après qu'on a ainsi ébauché l'œil, on remarque l'aspect général de sa copie, qu'on compare à l'aspect général du modèle. On corrige les défauts au moyen de l'application plus rigoureuse des mêmes raisonnements, des mêmes principes; puis on achève son dessin en finissant davantage, en liant entre elles les teintes qui ne l'étaient pas suffisamment, en les adoucissant, si elles sont trop heurtées, ou en mettant dans certains endroits l'accentuation, la force qui pourraient y manquer.

Enfin, on termine en devant être satisfait de son dessin sous le rapport de la FORME, de l'EFFET, du MODELÉ, trois points essentiels auxquels il faut toujours penser.

Telles sont les observations principales qu'il faut faire dans l'étude de la surface dont nous venons de nous occuper, n'ayant pu faire toutes celles que comporte cette étude, ce qui eût été long et fatigant à la lecture. D'ailleurs, nous l'avons déjà dit : c'est à l'élève à s'ingénier dans l'*application* des PRINCIPES et de la marche que nous avons tracés et à faire le plus d'observations possibles; ce sera le moyen d'activer ses progrès.

Tout ce que nous venons d'enseigner en ce moment à propos de l'étude d'un œil est également applicable aux études de chacune des surfaces qui complètent la tête, le front, le nez, la bouche, le menton, etc., quels que soient le caractère et la pose de ces surfaces.

Il faudra faire plusieurs de ces études avant d'ombrer la tête.

OMBRE DE LA TÊTE

Ensemble des surfaces qui constituent la tête

Après avoir indiqué la méthode à suivre dans l'exécution de l'ombre d'une surface, — *un œil*, nous allons nous occuper de ce qui concerne l'ombre d'une tête.

L'étude de l'œil que nous venons de faire nous fournit déjà les éléments de l'étude de la tête.

En effet, un œil est un ensemble composé de petites surfaces ; la marche à suivre est déjà tracée. L'élève n'a plus qu'à appliquer sur une plus grande échelle ce que nous avons dit, et il doit commencer à comprendre comment il faut procéder à l'exécution de la tête.

Préparation.

Le trait de la tête étant exactement indiqué, l'on doit considérer l'ensemble du modèle dans toute son étendue, afin de l'envisager sous le rapport de la forme, de l'effet et du modelé.

Puis en remarquer les parties les plus accentuées.

On établit donc comme on l'a fait pour l'œil la préparation des surfaces qui, sur le modèle, apparaissent les plus accentuées dans toute l'étendue de la tête.

Cette préparation s'effectue de la même manière que celle indiquée pour l'œil, c'est-à-dire qu'on établit sur son dessin une ligne peu visible pour indiquer la forme de chaque contour des ombres principales. On trace, par conséquent, ce contour en même temps qu'on établit une teinte légère sur la surface enfermée dans le contour, laquelle doit représenter, plus faible, l'ombre accentuée du modèle.

On obtient ainsi la préparation générale de la tête et on remarque si l'aspect de sa copie est conforme à l'aspect du modèle sous le rapport de la FORME des ombres principales et les plus accentuées.

Ebauche.

Dès que la préparation est faite, on attaque les différentes surfaces les unes après les autres : la *chevelure*, le *front*, les yeux, le nez, le menton, les joues, les oreilles, etc., et on ébauche ces surfaces en faisant pour chacune les mêmes raisonnements que ceux qui ont été faits pour la surface de l'œil au chapitre précédent.

Et en outre on devra, en observant l'aspect général du modèle, remarquer les grandes masses d'ombre, les grandes masses de clair, les grandes masses de demi-teinte qui sont dans l'ensemble de la tête.

On remarquera d'abord la *position* de ces masses, puis leurs *proportions*, puis leur *direction*, puis leur mouvement.

On appliquera ensuite ces dernières remarques sur chacune des grandes surfaces, et par exemple, quant à la chevelure, on saisira les grandes masses d'ombre, de clair et de demi-teinte qui peuvent être contenues sur tout l'ensemble de la chevelure.

On ombrera la chevelure en faisant nécessairement attention aux divisions établies précédemment par la *construction du trait*, divisions qui doivent, on s'en souvient, indiquer les séparations importantes qui se manifestent dans la chevelure et qui, chacune, constituent soit une réunion de mèches, soit des mèches principales.

Pénétré de cette marche, on modèlera les mèches les unes après les autres en se servant évidemment pour la construction de *chaque mèche* des mêmes principes que pour une surface, position, proportions, direction, mouvement :

1° De l'ombre ; 2° de la demi-teinte ; 3° du clair, afin d'obtenir la FORME.

Et, en outre, intensité :

1° De l'ombre ; 2° de la demi-teinte; 3° du clair, et comparaison entre ces teintes afin d'obtenir l'EFFET.

Puis à la fin de l'ébauche de la chevelure, on reviendra de nouveau sur l'aspect général afin que les masses les plus importantes d'ombre, de demi-teinte et de clair aient comme forme, comme effet et comme modelé l'aspect général du modèle.

Nous faisons la remarque qu'on peut réserver pour la fin du dessin les dernières touches de vigueur qu'il faut placer dans certaines ombres les plus accentuées, de même que les clairs les plus saillants.

Après la chevelure, on passe au front et l'on embrasse *les grandes teintes* d'ombre, de clair et de demi-teinte qui sont indiquées sur le modèle en remarquant la position, les proportions, la direction, le mouvement de *chacune*, et en outre en les comparant *les unes avec les autres* sous le rapport de la FORME pour reconnaître les plus grandes, les plus petites, etc.

Ensuite, on remarque l'intensité de chacune de ces teintes par rapport à l'intensité des autres, en répétant les mêmes raisonnements que nous avons faits précédemment à l'égard de l'EFFET.

On ébauche ensuite les yeux en procédant de la même manière et en se rappelant ce qui a été dit lorsque nous avons fait l'étude de l'œil.

Ensuite on ombre le nez en continuant toujours la même marche, c'est-à-dire qu'on observe d'abord son aspect général et qu'on remarque les deux côtés et le milieu du nez pour reconnaître, sous le rapport de la forme, de l'effet et du modelé, la différence qui existe entre les teintes qui sont sur chacun des côtés et sur le milieu du nez. On a donc bien le soin de les comparer l'une à l'autre. On étudie les ailes du nez ainsi que les narines. On remarque dès lors les ombres, les demi-teintes, les clairs qui peuvent s'y trouver. On observe avec attention chacune de ces teintes, les unes d'une assez grande dimension, les autres très-petites; or, la *largeur* ou la *longueur*, ainsi que le *plus ou moins de vigueur* de chacune de ces teintes qui entourent la narine, par exemple, ont leur grande importance; il ne faut pas les négliger, elles concourent à l'effet et au modelé de la forme et achèvent de lui donner le caractère que présente le modèle.

On saisit en outre les clairs les plus vifs et les ombres les plus accentuées qui dessinent la forme du nez en remarquant la position, la longueur, la largeur, la direction, le mouvement de ces mêmes clairs vifs et de ces fortes ombres.

Enfin on établit le *modelé* en cherchant surtout à rendre les *divers plans du nez.*

On ébauche ainsi successivement toutes les surfaces qui complètent la tête :

La bouche,

Le menton,

Les joues, etc.,

Et on applique à chaque surface les mêmes raisonnements quant à la forme, à l'effet et au modèle des diverses teintes.

En outre, on compare toute les surfaces entre elles pour en remarquer les différences ou les rapports relativement aux ombres, aux demi-teintes, aux clairs.

Ainsi, on compare l'intensité et le modelé de la *bouche* à l'intensité et au modelé de la *joue*, du *nez*, etc. Même comparaison pour les *yeux*, relativement au *front*, au *nez*, aux *joues*, etc. Idem pour le *menton*, relativement à la bouche, aux joues, etc., et de même pour chaque surface.

Puis on reconnaît, en *saisissant tout l'ensemble*, les points les plus vigoureux comme ombre et les plus vifs comme clairs, afin de leur comparer toutes les teintes de la tête.

Lorsque tout est ébauché, on en considère de nouveau l'aspect général (ce qu'on a dû faire souvent pendant cette étude).

Et l'on s'attache en premier lieu à reconnaître par l'examen de la FORME, de l'effet et du modelé des *grandes ombres*, des *grandes demi-teintes*, des *grands clairs* de la tête, si cet aspect général est conforme à celui du modèle.

En envisageant un dessin quelconque, c'est la forme et l'effet des grandes masses qui d'abord impressionne.

Il faut donc tenir compte de ce fait dans l'exécution de tout dessin, de tout ensemble.

Il faut dès lors observer, nous le répétons, les grandes teintes qui sont sur toute l'étendue de la tête, en bien saisir la forme et en bien saisir l'effet.

Si l'aspect général de cette ébauche est satisfaisant, on s'occupe de finir, on achève son dessin.

Ce qui a lieu en terminant chaque surface et en faisant les petits détails qu'on n'avait fait qu'indiquer.

Puis en soignant davantage le modelé.

En posant les touches les plus claires et les plus vigoureuses.

En liant, en fondant les teintes entre elles mieux qu'on ne l'a fait jusque-là.

En faisant bien apparaître les plans, les saillies, etc., et par la comparaison des premiers plans avec ceux qui sont plus loin.

Après ce travail qui consiste, comme on le voit, à revenir sur presque tout ce qu'on a fait, on embrasse de nouveau l'ensemble de sa copie au point de vue de la FORME, de l'EFFET, du MODELÉ, et l'on cherche à reconnaître si l'on a bien saisi le caractère, la ressemblance, l'expression, le sentiment du modèle.

Académie ombrée de face.

L'élève s'étant exercé et sachant faire assez bien le *trait* de l'académie, peut commencer à l'ombrer.

Mais l'élève a déjà dû faire des études ombrées d'abord sur les surfaces, puis sur les têtes.

Il doit donc connaître la marche qui est suivie pour ombrer une tête.

Eh bien, c'est la même manière de procéder, c'est la même méthode à employer pour ombrer l'académie.

Et, de même que pour faire l'étude d'une tête, il a développé ce qu'il avait appris précédemment en étudiant une surface;

De même, il n'a qu'à appliquer sur l'académie, dans une plus vaste mesure, ce qu'il a déjà appris en étudiant la tête.

Préparation.

D'abord, établir la *préparation* de l'académie après avoir observé l'ensemble général du modèle.

Pour obtenir cette *préparation* : dessiner légèrement le contour des ombres principales et les plus accentuées, puis passer une teinte légère au bord de ce contour pour indiquer la place et la forme de l'ombre.

Après cette préparation : procéder à l'ébauche définitive de la tête ;

A celle du cou ;

A celle du torse ;

A celle des bras ;

A celle des jambes.

Et en faisant ce travail, remarquer la forme, l'effet et le modelé des grandes masses d'ombre, des grandes masses de clair, des grandes masses de demi-teinte qui s'étendent sur toute l'académie.

Comparer le haut et le bas de l'académie pour reconnaître si le haut n'est généralement pas plus éclairé que le bas.

Lorsque l'ébauche s'avance, saisir sur le modèle les endroits les plus vifs comme clair et comme ombre, puis accentuer les mêmes endroits sur sa copie, en partant de ces points principaux pour la graduation générale de toutes les teintes.

Or, bien que nous n'ayons étudié que la tête, néanmoins on comprend que les différentes surfaces principales qui constituent l'académie : le torse, les jambes, etc., doivent être étudiées de la même manière, et qu'il faut remarquer, comme on l'a fait pour la tête, les *grandes ombres*, *demi-teintes*, *clairs* qui constituent la surface dont on s'occupe, et les établir sur son dessin en faisant attention à la FORME, à l'EFFET, au MODELÉ de ces teintes, et comparer en outre, pendant qu'on fait ce travail, toutes les surfaces entre elles.

Par exemple : si on fait le torse et qu'il soit de face, reconnaître d'abord la disposition générale des ombres, des demi-teintes et des clairs.

Puis ébaucher les parties principales qui constituent le torse, savoir : les pectoraux, le thorax, le ventre.

On attaque donc l'une de ces parties principales, les pectoraux (la poitrine). On revient sur la préparation qu'on a déjà établie à cet endroit et qui doit indiquer, par une ombre légère placée sur les *mamelons*, puis sur les *côtés*, puis au-des, puis au *milieu* des *pectoraux* : la FORME générale que les pectoraux ont sur le modèle.

Comme nous l'avons dit, on esquisse ainsi la forme avant de s'engager à ombrer tout à fait, parce que, s'il y avait erreur, on n'aurait que peu de chose à effacer.

Dès lors, la forme étant indiquée déjà en partie au moyen de la préparation, et s'étant nécessairement servi dans cette étude des principes de la position, des proportions, de la direction, du mouvement, afin que les pectoraux, d'après leur préparation, ne paraissent ni trop à gauche, ni trop à droite, ni trop haut, etc.; ni trop grands, ni trop petits, ni trop inclinés, etc.; on procède ensuite à l'ombre, en attaquant de nouveau les parties les plus accentuées du modèle, en mettant alors sur son dessin, le ton, la vigueur qu'on remarque sur l'original.

Puis on passe aux demi-teintes qui se lient à ces ombres, et on arrive aux clairs.

Or, il est indispensable, nous le rappelons encore, de considérer la dimension et du clair, et de l'ombre, et de la demi-teinte, ainsi que leur position, ainsi que leur direction, ainsi que leur mouvement, et en même temps de comparer l'ombre, le clair, la demi-teinte entre eux, sous ces divers aspects, afin de reconnaître, par exemple, lorsqu'on ombre chacun des pectoraux :

Si la demi-teinte est bien placée par rapport à ce qui l'entoure : *position;*

Si elle n'est ni trop large, ni trop étroite : *proportions;*

Si elle n'est pas trop inclinée : *direction;*

Si elle est assez ou si elle n'est pas trop mouvementée : *mouvement.*

Et ce qui est dit ici pour la demi-teinte, l'est évidemment pour le clair et pour l'ombre.

Ceci concerne, comme on le voit, la FORME des teintes, Restent donc l'*effet* et le *modelé.*

Or, est-il besoin de répéter que pour l'*effet* il faut comparer les uns aux autres, sous le rapport de l'intensité : les *clairs,* les *ombres,* les *demi-teintes,* pour saisir avec exactitude la *différence* de vigueur ou de clarté qui existe entre eux et que le modèle représente, afin d'établir cette même *différence* sur sa copie.

Quant au modelé, nous avons déjà dit en quoi il consistait : manifester le caractère de la forme qu'on veut rendre par les plans, les saillies, les creux, les méplats, les parties arrondies, celles qui avancent, celles qui fuient.

Or, il faut le remarquer encore : pour rendre avec justesse ces divers aspects, on ne peut le faire qu'en suivant toujours la même méthode, soit qu'on agisse sur une grande surface ou sur *une infiniment petite*, cette dernière ayant nécessairement les mêmes éléments que la première, FORME, EFFET, MODELÉ.

Donc, tout ce qu'on ombre doit sans cesse recevoir l'application des principes enseignés dans le cours des différentes études que nous avons faites ; ces principes sont :

La position, la distance et les proportions
La direction
Le mouvement

L'effet ou intensité
Le modelé ou relief
L'aspect général

soit d'*une teinte*,

soit de la réunion des *différentes teintes* constituant une surface,

soit de la *réunion des diverses surfaces* constituant un ensemble.

L'ébauche des *pectoraux* achevée, on ombre de la même manière, on suit la même marche quant aux parties qui restent à faire pour compléter le torse : le *thorax*, les *côtes* et le *dentelé*, le *ventre*.

Puis on examine l'ensemble du torse en cherchant à reconnaître, par la comparaison avec le modèle, s'il n'y a pas quelques défauts, s'il est bien comme forme, comme effet, comme modelé.

Par exemple : Si la lumière est plus vive sur le haut des pectoraux que sur le bas du ventre ? où sont les parties les plus vigoureuses de tout le torse ? Les saillies sont-elles bien exprimées; le ventre tourne-t-il suffisamment et sent-on néanmoins les méplats ou parties plates qui sont placées à côté des parties arrondies?

Les côtes et le dentelé sont-ils bien dessinés? leur position, leurs proportions, etc., leur ombre, leur lumière sont-elles justes par rapport au côté du torse, par rapport aux pectoraux, par rapport au nombril, au ventre, par rapport à l'oblique, etc., etc.?

Comme on le voit, il s'agit toujours de comparer chaque partie à celles qui l'environnent, comme FORME, comme EFFET, comme MODELÉ.

Il serait inutile de répéter les mêmes raisonnements relativement *aux bras, aux jambes*; il faut donc également les leur appliquer en ombrant ces diverses surfaces.

Quant aux mains et aux pieds, nous ne pouvons que rappeler les principes exposés précédemment.

Dessiner un pied ou dessiner une tête, dessiner un nez ou dessiner un doigt, ne sent-on pas que ce doit être la même marche pour ombrer?

N'est-on pas convaincu qu'il faut appliquer aux unes et aux autres parties les mêmes principes. Ce sont ceux que nous avons exposés à chaque page de ce travail et que nous présentons aux élèves comme un guide excellent dans la grande généralité des cas, dès qu'ils auront la volonté de s'en servir, lesquels principes *sont communs*, en totalité ou en partie, à toutes les *lignes*, à toutes les *surfaces*, à tout *ensemble*; au *trait* comme à l'*ombre*.

Or, si je modèle un pied ou une main, ne dois-je pas en considérer l'aspect et reconnaître d'abord ses masses d'*ombre*, de *clair*, de *demi-teintes* ?

Comme FORME : saisir la *position* de chacune, ses *proportions, direction, mouvement ;* ensuite comparer ces masses entre elles afin de constater si elles sont bien placées les unes relativement aux autres, si celle-ci n'est pas trop grande pour celle-là, si elle n'est pas trop verticale ou horizontale, etc., etc.

Et comme EFFET : ne dois-je pas apprécier la différence d'intensité qui existe entre ces masses, c'est-à-dire entre les parties ombrées, éclairées et demi-teintées, de manière à reconnaître le degré de vigueur, le degré de clarté qui les distingue les unes des autres, afin de manifester l'EFFET général dans l'ensemble du pied ou de la main.

Enfin, comme MODELÉ ne faut-il pas *rendre l'aspect* des différents plans, des différentes parties plates ou arrondies, des saillies, des creux, en en précisant la forme et l'effet ?

Et, nécessairement, j'applique les mêmes raisonnements sur chacun des détails que j'ai à modeler, et lorsque j'ombre un doigt, après avoir reconnu et fait le trait des différentes surfaces dont il est composé, les phalanges, les ongles, je dois évidemment remarquer la FORME des teintes qui le recouvrent ainsi que l'EFFET que ces teintes présentent à mon œil, c'est-à-dire : 1° la position, proportions, etc., des teintes ; 2° l'intensité différente, le plus ou le moins d'ombre et de clarté qu'elles ont, enfin l'aspect particulier de chaque doigt, l'aspect général de tout les doigts, l'aspect général de toute la main?

La marche est donc la même pour un doigt que pour une main, pour un pied, pour toute autre surface.

L'ébauche des surfaces terminée, on achève, on finit sa copie en comparant de nouveau l'aspect général de toutes les surfaces avec l'ensemble du modèle, et l'on fait cette comparaison au point de vue de la FORME, de l'EFFET, du MODELÉ.

On exprime dans sa copie, si on ne l'a pas fait encore, les touches les plus vigoureuses, les plus claires qui animent, qui caractérisent le modèle dans son ensemble et qui ajoutent tant à l'effet général.

Remarquant ainsi et de nouveau sur le modèle les parties les plus saisissantes comme lumière et comme ombre, on compare encore une fois toutes les autres teintes à ces points principaux, afin qu'elles leur soient subordonnées et qu'il y ait entre elles toutes la différence, la graduation de ton, l'harmonie que présente l'original.

Les plans, les saillies, les creux, les méplats des formes manifestés par les ombres, les clairs, les demi-teintes doivent également être l'objet d'un examen nouveau.

Enfin l'on achève, comme nous l'avons indiqué, pour une surface, pour une tête, en complétant ce qui peut manquer au fini du travail, soit dans la propreté du dessin, en enlevant les taches qui pourraient s'y trouver et qui souvent nuisent au modelé ; soit dans la liaison entre les teintes en adoucissant ce qu'elles pourraient avoir de heurté ; soit, au contraire, en donnant de la fermeté à celles qui pourraient en manquer.

En résumé, il faut envisager l'ensemble, les grandes surfaces et les plus petits détails sous les différents aspects que nous venons d'étudier ; mais s'il faut reconnaître la position, les proportions, la direction, le mouvement du trait et des ombres, IL FAUT SURTOUT remarquer si le *caractère*, si la *tournure*, si l'*harmonie*, si les *finesses*, si le *sentiment*, si l'*expression*, si la *vie* qui se manifestent par la FORME, par l'EFFET et par le MODELÉ sont bien reproduits dans sa copie, et si elle rend avec exactitude sous tous les rapports l'aspect général du modèle.

Quant aux réductions, voir à la page 29, ce que nous avons indiqué à ce sujet relativement au trait. C'est absolument la même marche pour l'ombre, car les proportions qui sont dans tout l'ensemble de la réduction doivent être également établies entre toutes les teintes qui constituent la forme, l'effet et le modelé de la copie.

Tout ce que nous avons exposé, quant au TRAIT et à l'OMBRE, relativement à la copie d'une estampe ou d'un dessin, s'applique entièrement à l'étude d'après la bosse et d'après nature.

TABLE DES MATIÈRES

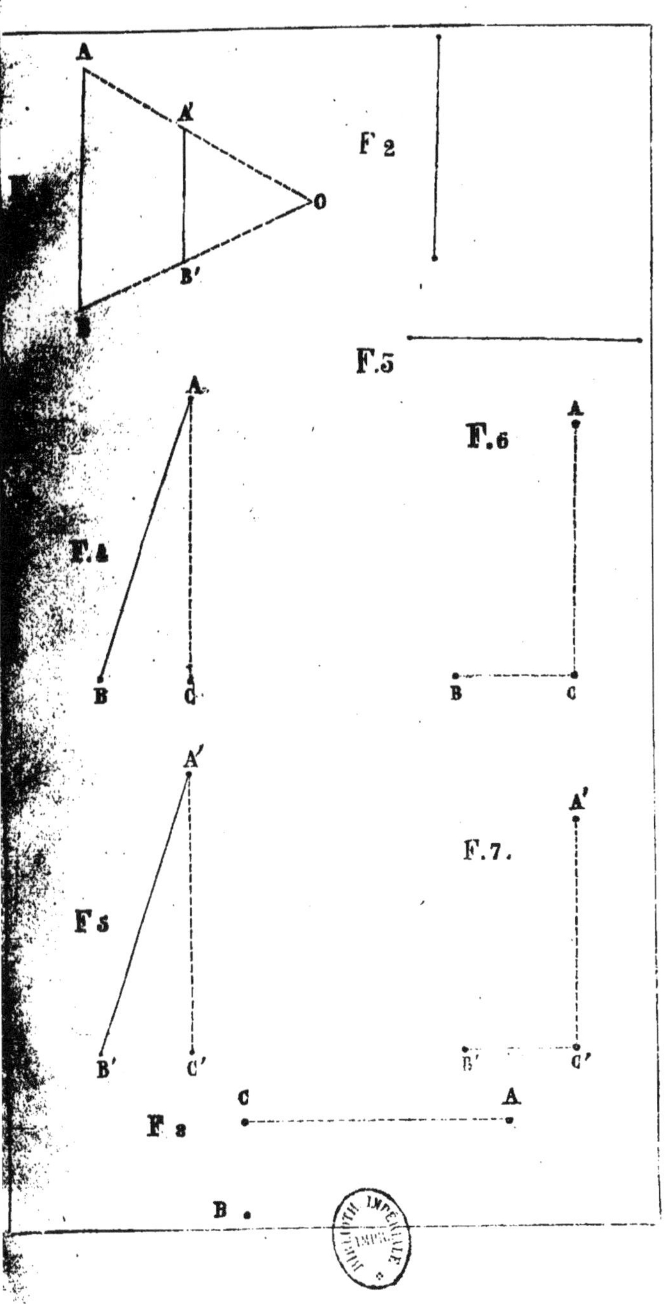

A
A'
O
B'
F 2
F.5
F.6
A
B
C
A
B
C
F.4
A'
C'
F.7.
A'
B'
C'
F s
A'
B'
C'
c
A
F 3
B

www.ingramcontent.com/pod-product-compliance
Ingram Content Group UK Ltd.
Pitfield, Milton Keynes, MK11 3LW, UK
UKHW021623170726
13836UKWH00005B/2001